轻松过关

王 帅

北京大学出版社

图书在版编目（CIP）数据

公考面试轻松过关 / 王帅著. —— 北京：北京大学出版社, 2025.1. —— ISBN 978-7-301-35761-3

Ⅰ. D630.3

中国国家版本馆CIP数据核字第202456WX28号

书　　　名	公考面试轻松过关 GONGKAO MIANSHI QINGSONG GUOGUAN
著作责任者	王　帅　著
责 任 编 辑	滕柏文
标 准 书 号	ISBN 978-7-301-35761-3
出 版 发 行	北京大学出版社
地　　　址	北京市海淀区成府路205号　100871
网　　　址	http://www.pup.cn　　新浪微博:@北京大学出版社
电 子 邮 箱	编辑部 pup7@pup.cn　总编室 zpup@pup.cn
电　　　话	邮购部 010-62752015　发行部 010-62750672　编辑部 010-62570390
印 刷 者	大厂回族自治县彩虹印刷有限公司
经 销 者	新华书店
	880毫米×1230毫米　32开本　9.5印张　225千字 2025年1月第1版　2025年1月第1次印刷
印　　　数	1–5000册
定　　　价	59.00 元

未经许可，不得以任何方式复制或抄袭本书之部分或全部内容。
版权所有，侵权必究
举报电话: 010-62752024　电子邮箱: fd@pup.cn
图书如有印装质量问题，请与出版部联系。电话: 010-62756370

内容简介
Brief Introduction of the Content

本书旨在对公考面试的基本考情、出题思路、作答要点、作答范例等进行系统梳理，帮助考生建立自己的面试认知及答题逻辑。本书从公考面试的基础知识讲起，逐步深入面试实战，配合真题讲解，让考生不仅可以系统地掌握公考面试的相关知识，还可以对面试作答有更为深入的理解。

本书分为3篇，共计13章，涵盖的内容有结构化面试的基础知识、结构化面试的准备技巧、详解题型之综合分析题、详解题型之组织管理题、详解题型之应急应变题、详解题型之人际关系题、其他类型的结构化面试题、结构化面试真题演练、日读日诵、答题技巧、认识结构化小组面试、认识无领导小组面试，以及面试的经验，帮助考生更为全面地了解公考面试，做好面试准备，在备考阶段抢先一步，为面试成功奠定基础。

本书行文通俗易懂，案例丰富，实用性强，特别适合参加过公考面试但遗憾失败的考生、直面公考面试的零基础考生、备战公务员考试的新手考生阅读，也适合想要了解目前各单位、各公司面试环境、面试形式的应届毕业生阅读。高等院校的职业规划、就业指导等相关课程，以及相关培训机构也可选择本书作为教材、参考书。

前言

在公务员考试中，绝大部分考生拥有扎实的应试技巧与丰富的考试经验，能凭借深厚的知识积累轻松应对笔试环节。然而，仅能在笔试环节所向披靡是不够的，为了更全面、更深入地评估考生的综合能力和潜力，面试环节被引入并日益受到重视。

作为一种全方位考查手段，面试旨在通过对考生的语言表达准确性、思维逻辑严谨性、仪表仪态得体性、心理素质稳定性等进行考查，多维度地衡量考生的综合能力。面试过程中，考官会侧重对考生的沟通能力、问题解决能力、团队协作能力等软技能进行评估，因为这些能力往往难以在笔试中充分展现。

公务员考试中的面试环节（简称"公考面试"），对考生而言至关重要，因为它不仅是公务员选拔过程中的一大挑战，还是决定考生能否脱颖而出的关键要素之一。遗憾的是，许多考生会在面试环节因表达能力有限而失利。在紧张的面试现场，在没有充分思考的时间的情况下，考生很难有笔试时的从容不迫、思路清晰的状态，会导致表现大打折扣。正因如此，在公务员考试的激烈竞争中，不乏笔试领先者最终被其他考生凭借出色的面试表现超越的案例。

◎ **笔者的面试体会**

公考面试的筹备过程，与精心准备笔试的过程一样，既漫长，又极具挑战性。作为全面且严谨的评估方法，面试的考查维度远不止于考生的知识积累的广度与深度、专业技能的运用，还会更深刻地触及考生的思维方式、个性特征，以及价值观等综合素养。这种新颖的考核形式，加上现场面试固有的紧张氛围，往往令考生感到压力重重，难以轻松、自如地应对。正因如此，对众多考生而言，公考面试是公考"上岸"过程中的一座巍峨的高山，其难度与挑战不容小觑。

◎ **本书特色**

1. 从零开始

从面试的准备阶段开始讲解，详细介绍与公考面试有关的理论知识，对零基础的考生极其包容，可以说是从零开始为考生保驾护航。

2. 独家经验

全面归纳、整理作者多年来的公考面试培训经验、教学经验、实践经验，传授独家秘籍，让考生在面对公考面试时少走弯路。

3. 内容实用

本书除了介绍与公考面试有关的基础知识，还结合大量实例进行讲解，"手把手"教考生如何面对公考面试中不同类型的题目，用实例帮助考生训练答题思维，提高获得高分的概率。

◎ **本书主要内容**

本书分为3篇，第1篇是结构化面试的基础知识及相关练习题，

第2篇是结构化小组面试和无领导小组面试的相关知识，第3篇是面试的经验，接下来详细介绍。

第1篇主要介绍结构化面试的基础知识、准备技巧，并分题型对结构化面试题进行讲解和实例拆解。本篇不仅在各题型讲解结束后安排了对应的实例，还在所有题型讲解结束后专门撰写了一章真题演练内容，支持考生有针对性地进行查阅，更好地掌握应对结构化面试的技巧。对于有一些面试基础的考生，本篇给出了日读日诵素材、言语提亮技巧和冲刺模板，助力考生不断进阶，争取取得更好的成绩。

第2篇主要介绍结构化小组面试和无领导小组面试的相关内容，讲解考情、形式特点、重点题型、面试流程，以及需要注意的事项。

第3篇主要介绍公考面试的经验，比如如何调整心态、如何正视面试、如何准备面试。

◎ **作者介绍**

本书作者不仅是体制内的公务员，还是在小红书平台拥有20余万"粉丝"的资深面试博主，从事面试辅导3年，辅导"上岸"学员近千人。作者以坚持原创的作答风格及独特的解题思维被"粉丝"称道，用了2年的时间，迅速成长为小红书平台公考面试领域的头部博主，自创并坚持更新"每日一题"栏目，帮助近万人成功"上岸"。作者曾多次参加省考、国考、事业单位招聘，均在面试环节获得高分，有非常丰富的面试经验，且对结构化公考面试题有着深入的了解。在独特的解题思维的助力下，作者与时俱进地透彻研究着公考面试的考情及规则，能够真正做到为考生保驾护航。

◎ 读者对象

本书既适合参加过公考面试但遗憾失败的考生、直面公考面试的零基础考生、备战公务员考试的新手考生阅读，又适合想要了解目前各单位、各公司面试环境、面试形式的应届毕业生阅读。高等院校的职业规划、就业指导等相关课程，以及相关培训机构也可选择本书作为教材、参考书。

目 录 CONTENTS

第1篇　结构化面试

第1章　结构化面试的基础知识
1.1　什么是结构化面试 002
1.2　结构化面试的题型 003
1.3　结构化面试的流程 004
1.4　结构化面试的考场布置 007

第2章　结构化面试的准备技巧
2.1　调整心态、阳光面对 008
2.2　认识瓶颈、直面困难 009
2.3　了解规则、运筹帷幄 011
2.4　从衣入手、拔得头筹 014

第3章　详解题型之综合分析题
3.1　概览综合分析题 016
　　3.1.1　综合分析题的出题方向 ... 016
　　3.1.2　综合分析题的破题思路 ... 019
3.2　社会现象类考题 022
　　3.2.1　主体分析 022
　　3.2.2　行为分析 026
　　3.2.3　小事件分析 029
3.3　态度观点类考题 032
　　3.3.1　主体分析 032
　　3.3.2　时间维度分析 034
　　3.3.3　分论点分析 036
3.4　漫画类考题 038
　　3.4.1　解题思路 039
　　3.4.2　实例分析 040
3.5　综合分析题综合练习 042

第4章　详解题型之组织管理题
4.1　概览组织管理题 054
　　4.1.1　组织管理题的出题方向 ... 055
　　4.1.2　组织管理题的考情 056
　　4.1.3　组织管理题的破题思路 ... 058
4.2　调查/调研类考题 061
4.3　宣传/宣讲类考题 064
4.4　培养/培训类考题 067
4.5　比赛/评比类考题 070
4.6　接待/考查类考题 074
4.7　整改/整治类考题 077
4.8　组织管理题综合练习 080

第5章　详解题型之应急应变题
5.1　概览应急应变题 087
　　5.1.1　应急应变的出题方向 087
　　5.1.2　应急应变的破题思路 088

5.2 一般突发事件类考题 091
　　5.2.1 明确表态 091
　　5.2.2 处理矛盾 092
5.3 特殊场景突发事件类考题 094
5.4 公共突发事件类考题 096
5.5 应急应变题综合练习 098

第6章 详解题型之人际关系题

6.1 概览人际关系题 102
　　6.1.1 人际关系题的出题方向 102
　　6.1.2 人际关系题的破题思路 103
6.2 人际关系类考题 104
6.3 情景模拟类考题 107
6.4 人际关系题综合练习 111

第7章 其他类型的结构化面试题

7.1 自我认知类考题 117
7.2 演讲类考题 119
7.3 串词类考题 122

第8章 结构化面试真题演练

8.1 社会现象类考题演练 126
　　8.1.1 主题：新职业频增现象 127
　　8.1.2 主题：互联网订餐热现象 ..129
　　8.1.3 主题："可视化"点餐现象......131
　　8.1.4 主题：用法维权比例上升现象......133
　　8.1.5 主题：取消暑期学科辅导班现象......135
　　8.1.6 主题：开会不积极现象......137
　　8.1.7 主题：博物馆文化落地难现象......139
　　8.1.8 主题：电视"套娃"收费现象......141
　　8.1.9 主题：空巢青年现象......142
　　8.1.10 主题：新型旅游现象......144
　　8.1.11 主题：路边经济现象......147
8.2 态度观点类考题演练 149
　　8.2.1 主题：换个角度看问题......150
　　8.2.2 主题："敦煌的女儿"樊锦诗......152
　　8.2.3 主题：见贤思齐焉，见不贤而内省也......154
　　8.2.4 主题：共和国的颜色........156
　　8.2.5 主题：爱国是本分 158
　　8.2.6 主题：青年时代的吃苦与奉献......159
　　8.2.7 主题：齐白石的作画之道....161
　　8.2.8 主题：授人以渔与授人以欲......163
　　8.2.9 主题：莲，出淤泥而不染....164
　　8.2.10 主题：要把小事当大事干......166
　　8.2.11 主题：历览前贤国与家，成由勤俭败由奢 168

目 录

- 8.3 组织管理题演练 170
  - 8.3.1 主题：不理想培训效果的优化 171
  - 8.3.2 主题：特色文化调研的组织开展 172
  - 8.3.3 主题：主题活动的组织 174
  - 8.3.4 主题：棘手问题的调研 176
  - 8.3.5 主题：多特殊情况的活动的组织 178
  - 8.3.6 主题：场地/环境的使用改善 180
  - 8.3.7 主题：公益主题的宣传 182
  - 8.3.8 主题：复合管理问题的解决 183
- 8.4 应急应变题演练 185
  - 8.4.1 主题：项目内容临时更改 186
  - 8.4.2 主题：活动舞台突然垮塌 188
  - 8.4.3 主题：宣传活动报道出错 189
  - 8.4.4 主题：所收报告多有抄袭问题 191
  - 8.4.5 主题：座谈会危机 193
  - 8.4.6 主题：宣传失误 195
  - 8.4.7 主题：会议设备异常 196
  - 8.4.8 主题：工作人员消极工作 198
  - 8.4.9 主题：直面工作失误与损失 200
- 8.5 人际关系题演练 201
  - 8.5.1 主题：处理工作合作问题 202
  - 8.5.2 主题：处理利益冲突问题 204
  - 8.5.3 主题：帮助同事处理人际关系 205
  - 8.5.4 主题：直面同事对自己的抱怨 207
  - 8.5.5 主题：直面同事对单位的抱怨 209
  - 8.5.6 主题：处理合作同事的工作进度问题 211
  - 8.5.7 主题：处理同事对自己的"针对" 212
  - 8.5.8 主题：处理新同事的态度问题 214
  - 8.5.9 主题：帮助同事处理工作情绪 216
  - 8.5.10 主题：帮助同事摆正工作态度 218
  - 8.5.11 主题：直面工作中的委屈 220
  - 8.5.12 主题：直面资深同事的"不耐烦" 222

第 9 章 日读日诵

- 9.1 优秀实例 224
  - 9.1.1 优秀个人实例 224
  - 9.1.2 优秀集体实例 233
  - 9.1.3 值得铭记的事件 238
- 9.2 名言警句 243
  - 9.2.1 政治方面 244

9.2.2 文化方面……244	10.1.1 社会现象类考题的作答…246
9.2.3 社会责任方面……244	10.1.2 态度观点类考题的作答…254
9.2.4 生态方面……245	10.2 冲刺模版……258
9.2.5 精神力量方面……245	10.2.1 针对比赛……258
	10.2.2 针对会议……261
第10章 答题技巧	10.2.3 针对接待活动……262
10.1 言语提亮……246	10.2.4 针对纪念活动……266
	10.2.5 针对慰问活动……268

第2篇　结构化小组面试和无领导小组面试

第11章　认识结构化小组面试

11.1 结构化小组面试与结构化面试的区别……272
11.2 结构化小组面试的考情……274
11.3 结构化小组面试的流程……274

第12章　认识无领导小组面试

12.1 概览无领导小组面试……276
12.2 无领导小组面试的考情……276
12.3 无领导小组面试的形式及特点……277
12.4 无领导小组面试重点考评的能力……278
12.5 无领导小组面试的重点题型……279

第3篇 面试的经验

第13章 一站到底,谋求"上岸"

13.1 为什么有人无法"上岸" ...283
    13.1.1 认为进入面试即"上岸",轻视竞争对手 283
    13.1.2 仅将公考"上岸"视作一条退路 284
    13.1.3 缺乏面试练习,寄希望于"速成" 285

13.2 我们该怎么"上岸" 285
    13.2.1 用刮彩票的心态面对面试 285
    13.2.2 善用技巧,增加优势 286

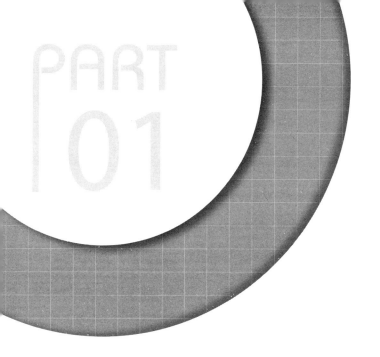

PART 01

第1篇 结构化面试

在准备公务员考试的过程中,我们面对着两大难关:笔试与面试。笔试过关已让人心力交瘁,然而,切勿松懈,请坚持到底——直到你走出面试考场的那一刻。我相信,胜利终将属于你!

第1章
结构化面试的基础知识

相信来看这本书的你已经进入准备面试的阶段了,恭喜你在笔试环节披荆斩棘,打败了诸多对手,赢得了第一阶段的胜利。下面,让我们更好地了解结构化面试,争取在面试环节脱颖而出,顺利"上岸"。

1.1 什么是结构化面试

目前,国家公务员、省级公务员、事业单位招聘等公职考试的面试环节主要有3种考查形式:结构化面试、结构化小组面试、无领导小组面试。其中,结构化面试是最为常见的面试考查形式,且是其他两种面试考查形式的基础。

结构化面试遵循标准化流程,整个面试按照预先设定的程序和标准进行。这种面试的内容和形式相对固定,考官会根据考生的回答评估其能力和素质。结构化面试的测评涉及多个方面,包括专业知识、技能,以及沟通能力、团队合作能力等。面试前,考官会根据招聘岗位的需求编制一套试题,并明确相应的测评标准、评分权重,以确保评估的准确性和可靠性,最大程度地避免考官的主观印象对考生成绩的影响。

在结构化面试中,考官会严格按照程序和时间安排进行面试,用相同的顺序和方式进行提问，确保每个考生接受相同的测试。

结构化面试的优势在于能够提高招聘和选拔人才的效率和准确率，同时减少主观印象和偏见对评估结果的影响。因此，这种面试方式对考生而言是相对公平的，为考生在面试阶段"翻盘"提供了机会。

1.2 结构化面试的题型

结构化面试题主要包括综合分析、组织管理、应急应变、人际关系、自我认知等题型，其中，应急应变题和人际关系题可能以现场模拟的形式进行考查。

综合分析是最为常见的题型。综合分析题主要考查考生的分析能力、逻辑思维能力、语言表达能力，考查形式主要有3种：社会现象类考题、态度观点类考题、漫画类考题。综合分析题的作答难度较高，要求考生在短时间内进行分析、概括、总结，提出问题和对策，并清晰地表达出来。

组织管理题、应急应变题、人际关系题都侧重考查考生的实践能力，要求考生能聚焦具体问题，找准重点，合理安排处理问题的顺序并逐一解决问题。

自我认知类考题在考试中占比较少，往往与综合分析题结合起来考查。例如，请结合自己的工作，谈谈对"敬业精神"的理解。需要注意的是，有一些题目会直接考查考生与岗位的匹配程度，例如，谈一谈对××岗位所需要的能力的理解、为什么应聘××岗位、自己的竞争优势是什么。

1.3 结构化面试的流程

从审核入场到进入体检，结构化面试的流程如图 1.1 所示。

图 1.1 结构化面试的流程

几乎每个流程都有需要注意的关键点，接下来，对候考抽签、进入考场、答题等流程中的关键点进行详细讲解。

1. 候考抽签

考生抵达考点后，将被有序地引导至各自的候考室，进行分组管理。此阶段，考生需要通过抽签确定面试的先后顺序。考生抽签后，进入等待状态。鉴于候考过程中，考生（特别是序号偏后的考生）可能产生焦虑、烦躁等负面情绪，建议考生提前做好心理准备，采取积极的备考策略，及时调整心态。具体而言，考生应尽量避免沉浸于对面试场景的想象，多利用这段时间进行心理调适。

一般而言，考生可携带纸质备考笔记、历年真题等相关学习材料进入候考室（具体的可携带资料需要遵循考场规定），通过梳理答题思路、总结答题要点，高效利用候考时间进行复习、巩固。若考场规定不允许携带外部资料，考生可以通过默默回顾复习内容，针对常考题型进行思维激活，帮助自己提前进入应试状态，提高思维的活跃度与敏捷度。

对上午参加考试的考生而言，由于早起可能导致身心疲惫，应该充分利用候考时间进行适当的休息，如闭目养神，以恢复体力、调整精神状态。此外，与周围考生进行轻松、愉快的交流，分享备考过程中的趣事等，也是调节紧张情绪的有效方法。需要注意的是，交流应适度，避免对他人的情绪造成干扰，同时，要防范来自竞争对手（同岗位考生通常被安排在同一考场）的恶意施压。

值得注意的是，"候考"很常见，但并非所有面试环节都有"备考"安排。"备考"安排在部分省份公务员考试（如山东省）、国家公务员考试的结构化小组面试，以及部分部委单位材料题考查中较为常见，大家可以加以了解——有"备考"安排时，考生需要提前进入备考室，阅读并分析给定的材料（往往不附带具体问题）或题目，准确识别问题核心，精心构思答题框架并梳理答题思路，为后续面试做好准备。

②. 进入考场

入场环节，考生将由专门的引领员引领至考场门口。

进入考场后，考生应举止自然、得体，向在场的考官或工作人员致以问候，并清晰地报出自己的考号。注意，不要提及个人姓名。完成身份识别与确认后，考生应从容不迫地走向指定座位，自然落座，展现良好的应试风貌。

③ 答题

落座后，正式答题前，考官一般会先宣读一段制式导语，大意为"你好，欢迎你参加面试！面试时间为××分钟，有××道题，请合理把握时间"，再读题。题本有时会被放在桌面上，考官读题时，考生可以一边听一边看。听（看）完题（本），考生稍作思考即可回答，注意回答要有条理，语言要简洁明了，答题结束时记得说"答题完毕"。

针对考官宣读的内容，考生可以有侧重点地对待。

制式导语的重要程度不高，但是会说明此次面试的题目数量、面试时长，以及剩余多少时间时会进行提醒。这些信息，考生最好牢记在心，避免因为非知识性问题影响面试成绩。虽然各类面试都有自己的题量、时长安排惯例，考生考前即可加以了解，但是在近几年不断改革、优化的大环境中，惯例可能会有突变，不能过于轻视现场介绍。

考官读题，会有两种情况。一种情况是考生无题本，获取题目信息全凭听考官读题。面对这种情况，考生不仅要听清楚题目，还要用笔记录好关键词，如果没有听清楚题目，考生可以要求考官重复一遍。针对每道题，考生要根据总时长合理控制自己的思考时间，思考时间不应太长，以免压缩自己的作答时间，但也不要为了追求效率，思考得过于简略，导致遗漏答题要点。另一种情况是考生有题本，可以一边看题一边听考官读题。面对这种情况，考官读题时，建议考生不要一直盯着题本看，最好时不时地看向考官，给予眼神互动，不然会显得不够礼貌。

考场上，很多考生会有紧张情绪。有紧张情绪是很正常的事，很多面试经验丰富的考生也很难做到毫不紧张。针对这一点，备考时，考生可以做一些准备，比如，第一，积极进行现场模拟训练，不要畏惧张嘴——平时总是逃避，考场上很难灵光乍现；第二，努力调整情绪，优化作答节奏，并适时进行深呼吸，不要让紧张情绪影响思考状态，争取利用紧张情绪让自己更加专注。

1.4 结构化面试的考场布置

结构化面试的考场中，一般会有 8～11 个人，包括考官、计分员、计时员、监督员等，如图 1.2 所示。考生走进考场，看到里面有很多人时，不要太惊讶，也不要过分紧张，平常心对待即可。

图 1.2　面试考场布置

第2章 结构化面试的准备技巧

很多考生是初次接触面试,对其流程与内容非常陌生。针对面试,充分的准备至关重要,而面试备考,不仅要求考生扩充知识量,还要求考生精进表达技巧、培养平和且稳定的应试心态。接下来,我们深入探讨如何进行结构化面试备考。

2.1 调整心态、阳光面对

无论是笔试备考还是面试备考,心态变化是在所难免的,因此,出现紧张、焦虑、自我怀疑等情绪并不可怕,只要大家能够及时调整心态、理性面对,即可跨越阻碍、提高备考效率。

那么,具体应该怎么面对呢?

1. 正视挑战,勇于克难

备考过程中遇到困难,难免会导致备考效率与备考质量的暂时下滑。对此,考生应保持冷静,不要过分紧张,因为这是精进过程中的必经之路,而非个人能力不足导致的。解决问题的关键在于克服自我质疑的心态,通过攻克难关总结经验、汲取养分,积极整理错题、梳理思路,保持并增强自信心,坚持备考。

2. 精研方法，高效学习

面试备考要注重对材料的积累与运用。针对语言贫乏、论证无力等挑战，考生需要通过广泛阅读与深度思考丰富自己的知识储备。背诵材料时，考生应明确背诵目的，即掌握核心观点与典型例证，而非机械记忆。使用科学的复习方法，如初次用心记忆、间隔一小时后及时回顾、半天后再次巩固，有助于加深记忆程度、提高背诵效率。与此同时，考生需要注意，背诵材料时，应注重理解，而非死记硬背，背诵后能够准确地概括材料的精髓即可，不需要追求一字不差的复述。

3. 设定阶段性目标，稳步前行

虽然坚定终极目标——成功"上岸"很重要，但是别忽视备考过程中的阶段性目标。首先，考生应设定题型攻克目标，逐一突破，逐步熟练，避免一开始就陷入全面备考但浅尝辄止的困境。其次，随着能力的提升，考生应设定状态优化目标，努力从初期的结巴作答、内容匮乏状态过渡到流利表达、逻辑清晰状态。最后，考生应调整心态，模拟并熟悉高压环境，达到能够在考场上风采卓然、互动自如的境界。通过这样循序渐进的备考，考生能够更加稳健地取得理想的成绩。

2.2 认识瓶颈、直面困难

面试备考，大致要经历 4 个阶段，接下来逐一介绍。

1. 初步学习

表现：了解答题结构，有一些答题思路，但是实际表达时很容易丢三落四，或者经常感觉如鲠在喉，心里有想法，表述很困难。

这个时候，考生要多学多练，针对真题，先了解答题思路，再默背参考答案，最后结合自己的思路，用自己的语言进行模拟作答。

2. 逐渐入门，遇见瓶颈

表现：已经入门，但是感觉怎么练习都止步不前，很难再有明显的进步；不怵答题，但给出的答案没有特色，很难脱颖而出，进入自我否定与怀疑的阶段。

有这种感觉，说明考生马上就要进入快速成长阶段了。这时，考生需要广泛了解答题思路，多看题、多看参考答案，寻找新鲜角度，扩宽自己的视野。答题没有特色，说明思路单一，只会按部就班地套用答题模板，这时多了解不同的答题角度，有助于总结、提炼出特色答案。

3. 学习"做减法"

表现：看到题目，能够游刃有余地作答，思路足够开阔，但答题经常超时——明明已经答了很多内容，依然觉得有所欠缺。

这时，考生需要学会"做减法"。进入这个阶段，考生的思考速度已经很快了，有较充足的时间根据题目梳理自己的思路，删减思路中不够新颖、不够出色的论点。此时的努力方向是合理估计时间、掌控答题速度、删减答案中不必要的细节，最好能做到明确了解自己在规定时间内有多大的发挥空间。

4. 精益求精

表现：给出合格的答案已基本没有问题，但是自己总觉得不够出色。

这个阶段是精益求精的阶段。虽然考生在被老师评价或者自己复盘后能意识到自己仍有一些不足，但是答案的完整性已经超过了绝大多数竞争对手。此时，不用太焦虑，切忌给自己太大的压力，甚至对备考状态产生负面影响。建议考生多做口述练习，对自己的口述内容进行录音，并间隔几个小时后重新看题、听自己的口述录音，进行复盘，站在局外人的角度评价自己的口述效果，找到能够继续精进的答题点。

2.3 了解规则、运筹帷幄

在正式了解结构化面试题前，我们来看一个评分标准表，见表2.1。

表2.1 公考面试评分标准表

测评要素	综合分析（25分）	组织计划（15分）	人际交往（15分）	应变能力（15分）	创新思维（15分）	语言表达（15分）
评分要点	逻辑、思路清晰；能够综合分析问题、多角度探讨问题，并系统阐明观点；能够找准问题实质	有协调能力和团队意识，能够制订详细计划；针对问题有一定的处理能力，能够从大局出发，协调、解决问题	处理人际关系时，能够主动找到问题；掌握一定的沟通技巧；处理矛盾时有团队意识、担当意识，以及合作精神	能够对可能出现的变化进行预判和处理；面对突发事件时能够保持冷静，分清处理优先级；能够快速且恰当地处理意外事件	能够基于题目提出可行性见解和方案；思维保持开放，善于使用新方法、新手段解决问题	交流自然，表述清晰；语言运用准确、简洁，非语言表达恰当、丰富、自然，表达富有说服力和感染力

续表

测评要素		综合分析 (25分)	组织计划 (15分)	人际交往 (15分)	应变能力 (15分)	创新思维 (15分)	语言表达 (15分)
评分等级	优	22～25分	13～15分	13～15分	13～15分	13～15分	13～15分
	良	16～21分	10～12分	10～12分	10～12分	10～12分	10～12分
	中	9～15分	7～9分	7～9分	7～9分	7～9分	7～9分
	差	0～9分	0～6分	0～6分	0～6分	0～6分	0～6分

通过表2.1能够看出，评分标准与日常练习时的要求没有太大的不同，因此，只要备考时肯下功夫，成绩就不会差。

接下来，我们通过实例感受一下评分标准。

实例

居里夫人从被大众普遍认为无价值的矿渣中提炼出了珍贵的镭元素，这一壮举深刻揭示了"无用之用，方为大用"的哲理。同样，电影拟音艺术家魏俊华巧妙地使用脏石头、废旧棍子、普通塑料袋等看似无足轻重的日常物品，模拟出了电影中震撼人心的战争音效，印证了平凡之物能够在创意与匠心的加持下焕发非凡价值的道理。请结合对以上内容的理解，谈谈你对做好基层日常工作的想法。

| 出题思路 |

测评考生的综合分析能力，尤其是对问题的理解和分析能力，考查考生对问题的敏感性，及其岗位匹配性、工作态度、工作作风。

| 作答要点 |

要点一：看似无用，实则潜移默化、润物无声地发挥作用，这种基层日常工作非常重要。

要点二：细节成就完美、细节决定成败，因此，要重视细节。

要点三：面对职责范围内的工作，要细致、认真，且不断精进、成长，努力成就大事业。

要点四：工作中，要养成勤于观察、思考的好习惯，不但要做好重要的大事，而且要做好枯燥、烦琐的小事。

实例

在基层工作的长期浸润中，不少基层工作者有如此感慨："我们致力于为民解忧、办实事，但是因为宣传机制的欠缺，很多群众对此知之甚少，甚至误解我们的努力与付出；与此同时，因为沟通渠道不畅，有时我们难以及时捕捉并响应群众的真实需求，导致部分群众指责我们忽视民意，进而产生误解，甚至对立情绪，让人苦恼。"假如你被录取，针对类似问题，会如何做好与群众的有效沟通？

| 出题思路 |

测评考生的沟通协调能力、适应基层岗位的能力，并用实际问题考查考生与岗位的匹配度。

| 作答要点 |

要点一：基层工作的环境和面对的群体比较特殊，必须有思想准备。

要点二：付出大量的心血却被误解，这是工作中的常见现象，能够帮助我们逐步走向成熟。

> 要点三：做好宣传工作是处理被动局面的有效手段，必须提高沟通协调能力，争取化被动为主动。
>
> 要点四：不能因为被误解、受委屈影响工作，要以大局为重，不计较眼前得失。

这里，我们不分析这两道题的具体答案，只看出题思路和作答要点。根据作答要点可以看出，只要保证作答方向没问题，发挥的空间是很大的。在考场上，考生不用过分追求完美，出现一些小失误无伤大雅，将紧张情绪控制在合理的范围内，才能发挥最好的水平。

2.4 从衣入手、拔得头筹

面试的仪容仪态以整洁、自然、朝气蓬勃为原则，旨在体现个人的专业素养与自信风采。考生不需要过分关注服饰、装扮，也不需要在举止、姿态上用太多的心思，符合规范且能够适度彰显个人特色即可。

对男性考生来说，服装的选择应以干净利落、合体适身为佳，最好不要使用过于繁复的设计元素。西装、夹克是经典且稳妥的选择，深色系，如黑色、深灰色、藏蓝色，不仅看起来沉稳，还能彰显专业。内搭衬衫的颜色宜浅、淡，以蓝色、白色为佳，整体色调平衡即可。所选皮鞋、袜子、皮带应以黑色为主，色调统一，视觉观感更佳。作为点缀，领带的颜色不要太跳跃，应与整体装扮和谐相融。总体而言，衣物应合身、得体，既不要紧绷，又不要松垮。发型方面，无论长短，应整洁、有序，短发更显干练，长发则需要精心打理，避免凌乱。此外，皮肤应保持自然、干净，不需要刻意使用化妆品。

在着装上，女性考生有更大的发挥空间，可适度融入设计感，但应注意把握分寸，避免过于张扬。服装应合体、修身，展现身形之美，但不失庄重之感。整体风格方面，以简约、大方为佳，最好能够凸显个人气质与专业素养。妆容方面，以淡妆或素颜妆为宜，旨在提升气色，而非改变面容。与此同时，女性考生应避免佩戴多余的饰品，如手表、丝巾、胸针，以免违反考场纪律，或者分散考官的注意力。

综上所述，面试的仪容仪态应以自然为核心，用大方、得体的装扮与举止，展现个人的最佳状态，赢得更好的成绩。

Chapter 03
第3章
详解题型之综合分析题

综合分析题,包括社会现象类考题、态度观点类考题,以及由此衍生的漫画类考题等多种类型的考题。在目前的公考面试中,综合分析题所占比重较大,既是必考题,又是难度最大、考查方法最灵活的题。综合分析题往往被用作开场题,迅速测评考生的综合能力和知识底蕴。因此,综合分析题是考生备考时需要重点关注的考题。

3.1 概览综合分析题

因为有着复杂的分析过程和高难度的作答要求,综合分析题常成为考生心中的"拦路虎"。为了自如地应对综合分析题,考生需要进行深入的研究并完成大量的练习,掌握答题技巧。接下来,我们对综合分析题进行详细介绍。

3.1.1 综合分析题的出题方向

1. 社会现象类考题

社会现象类考题侧重考查考生的逻辑思维能力和知识面,题目多围绕政治、经济、社会、文化、生态等领域的热点话题展开。例如,如何看待地摊经济。社会现象类考题,可能涉及积极、消极、中性3个性质的现象,针对各性质的现象,考题实例如下。

> **实例** ••• 📝
>
> 实例一（积极现象）：某地政府部门举办"吐槽大会"，倾听群众的"吐槽"，以便政府工作人员了解群众的真实心声。对此，你有什么看法？
>
> 实例二（消极现象）：如今，部分学生只注重学习成绩，不愿意进行运动，导致身体素质比较差。对于这种现象，你有什么看法？
>
> 实例三（中性现象）：如今，"佛系青年"一词非常火爆。对于"佛系"，你有什么看法？

以上是典型的社会现象类考题。除此之外，还有一些针对社会现象的细化考点的考题，直接在题目中对观点进行列示，供考生选择。

> **实例** ••• 📝
>
> 如今，越来越多的父母会使用微信了，很多子女会设置朋友圈屏蔽父母。对于这种现象，你是赞同还是不赞同？为什么？

虽然题型有一些变化，但是答题方向没有改变，只要考生能够正确判断应该从哪个角度入手进行答题，就基本不会答偏。

② **态度观点类考题**

相较于社会现象类考题，态度观点类考题更为抽象，通常会使用名人名言、寓言故事、成语、古诗词等内容，考查考生对某一观点的理解。态度观点类考题的答题难点在于正确理解题目、准确提炼论点，并用丰富的论据进行论证。考题实例如下。

> **实例**
>
> 实例一:"江山就是人民,人民就是江山",对于这句话,你是怎么理解的?
>
> 实例二:"苔花如米小,也学牡丹开",对于这句诗,你是怎么理解的?
>
> 实例三:森林王国中,一条鱼犯了罪,法官是怕水的山羊,它给出的裁决是将鱼扔进河里淹死。请结合对这则寓言故事的理解,谈一谈你获得的启示。

参考实际答题情况,实例一的答题难点在于如何针对单一观点进行多维表达,并找到足够多的论据进行论述;实例二和实例三的答题难点在于如何快速提取单个或多个论点。

3. 漫画类考题

漫画类考题为社会现象类考题和态度观点类考题的变形,在近年来的公考面试中越来越常见。漫画类考题的答题难点在于准确捕捉漫画传递的核心信息。考生答题时,需要先理解漫画内容,再结合相关论据进行论述。

> **实例**
>
> 根据漫画(如图3.1所示),谈谈你的思考。

图 3.1 漫画类考题实例

作答思路

图 3.1 中，天平的两端一端写着收获，另一端写着奉献，两端平衡，由此可以引申出一句话——选择奉献也就选择了收获。作答时，可以从奉献和收获的关系入手展开。

3.1.2 综合分析题的破题思路

面对综合分析题，考生应该如何破题呢？

破题，最重要的是明确作答的思路、框架。总体而言，可以概括为 3 个主要部分，分别为明确观点、深入分析、提出对策。

1. 明确观点

明确观点，即清晰地阐述对题目中的现象的看法。无论是肯定还是否定，是积极还是消极，观点必须明确。

那么，如何明确观点呢？

方法一：直接表达。直接表达，即直接陈述自己的观点，不加修饰地表达看法。这样做可以迅速亮出观点，为接下来的论证、分析节省时间。例如，对于题目中的现象，直接表达肯定态度或否定态度。

方法二：引用式表达。引用式表达，即通过引用名言警句、领导人的讲话等内容引出自己的观点。例如，引用"众人拾柴火焰高"等名言警句，突出团结的重要性。

方法三：联想式表达。联想式表达，即以与题目有关的社会新闻、国家政策、寓言故事等内容为开头，引出自己的观点。例如，以徙木立信、一诺千金等典故为开头，突出诚信的重要性。

> **实例**
>
> 去博物馆的人，受教育程度通常较高，但即使是受教育程度较高的人，在博物馆内参观时也大多是走马观花地看，很少有人驻足对各展品进行深入了解。博物馆文化难以融入百姓的日常生活，对于这种现象，你有什么看法？

> **作答范例**
>
> 范例一（直接表达）：对于博物馆文化难以融入百姓的日常生活这一现象，我认为存在着需要我们加以重视的问题，亟待改变。

范例二（引用式表达）：《人民日报》曾评论——文化如水，浸润无声，连接着一个民族的过去、现在和未来。博物馆是文化传承的主要载体之一，博物馆文化难以融入百姓的日常生活这一现象亟待改变。

范例三（联想式表达）：娱乐文化的快速发展，让博物馆文化等更具内涵的文化得到的关注逐渐减少，博物馆文化难以融入百姓的日常生活这一现象，让我对在文化传承中起重要作用的博物馆等载体的发展前景有所担忧。

2. 深入分析

深入分析时，考生需要详细阐述自己所持观点的依据，包括原因、意义、影响等。这些分析不仅有助于支持观点，还能为后续的提出对策进行铺垫。

对于社会现象类考题，可以从主体、行为、小事件等角度入手进行分析；对于态度观点类考题，可以从主体、时间维度、分论点等角度入手进行分析。

3. 提出对策

明确观点并完成深入分析后，考生需要给出解决问题的具体方法。提出对策是作答的关键环节，能够直观地体现考生解决问题的能力。

合理的作答结构，能够突显作答的逻辑性，并确保作答完整。

3.2 节至 3.4 节会分别对社会现象类考题、态度观点类考题和漫画类考题进行详细讲解，在此之前，为大家明确一下解答综合分析题时需要关注的重点，如下。

关注重点一：避免死板、生硬。虽然本书会介绍一些答题技巧和常见分析角度，但不建议考生死记硬背。正确的学习方法应该是以理解、内化相关知识为目标，以便在后续使用过程中合理发散思维、灵活调取素材。针对考查重点不同的考题，考生应灵活调整思考方式，切勿生搬硬套答题技巧或过度执着于一种分析角度。

关注重点二：思考要尽量深入。审题时，考生应尽量深入地探寻问题的本质，不要满足于"读懂题目要求"，因为仅停留在理解题目的字面意思的程度，所作回答很难脱颖而出。与此同时，考生的思考应尽量灵活，从多个角度入手进行综合分析。

3.2 社会现象类考题

对考生来说，"深入分析"部分往往是最具挑战性的，因为分析的角度和切入点很难找全。备考时，全面了解分析角度、熟练掌握分析方法很重要。接下来，我们深入探讨社会现象类考题的分析思路。

3.2.1 主体分析

主体分析是常用且好用的分析方法，切入点是题目中涉及的主体。主体分析具有广泛的适用性，进行主体分析，能够迅速构建答题框架，为完善地作答夯实基础。

想快速掌握进行主体分析的方法,可以牢记"题目找主体、接触推主体、社会补主体"这一口诀。具体而言,首先,考生应在题目中寻找主体;其次,与题目中主体有直接关联、有接触的其他主体也可以确定为进行主体分析的对象,例如,学生的关联主体有老师和家长,消费者的关联主体有商家或服务提供者,老人的关联主体有子女;最后,如果主体分析仍然不够全面,可以以社会为主体进行补充分析。

> **实例**
>
> 退休老人再就业时遇到了工资被拖欠、维权困难等问题,对于这种现象,你有什么看法?

作答思路

退休老人再就业,是一个展现生命活力、促进资源优化配置的积极现象。这一群体在再就业的过程中遭遇工资被拖欠、维权困难等问题,负面影响不容忽视,需要进行多维度的深入分析。

首先,主体一可以确定为"退休老人",方向为题目已写明的"退休老人再就业"。聚焦"退休老人"这一主体,可探讨其在再就业过程中遭遇困境的危害与根源——一方面,个别案例中的不公待遇可能引发广泛的社会关注,导致其他有再就业意愿的退休老人产生顾虑,进而扼杀这些退休老人参与社会劳动的积极性,无形中浪费了宝贵的银发人力资源;另一方面,部分退休老人对现代法律知识的掌握程度是有限的,签订劳务合同的意识相对薄弱,一旦权益受损,往往会陷入维权困难的窘境,此现象不仅会损害他们的个人权益,还会削弱社会对老年劳动者权益保护的信心。

其次,无法在题目中直接找到其他主体时,我们可以尝试进行"接触推主体",将视线转向与退休老人建立劳动关系的企业。围绕"企业",我们可以探究问题产生的原因——出于成本考虑或由于社会责任感缺失,一些企业可能使用不当手段侵害老年劳动者的合法权益,如拖欠工资、忽视劳动安全。类似的行为不仅违反了国家法律法规,还损害了企业的社会形象与长远发展潜力、加剧了老年劳动者再就业环境的恶化。

最后,如果无法进一步推导出其他主体,为了全面审视问题,我们可以引入宏观视角,将"社会"作为补充主体,或具体化为"政府"。围绕这一主体,我们可以分析出更多问题——当前,社会在保障老年劳动者权益方面的政策体系尚不完善,如劳动法律法规对老年就业群体的针对性保护不足、相关维权渠道不畅、社会保障体系在支持退休老人再就业方面的配套措施欠缺,这些问题共同影响着退休老人再就业过程中维权困难的外部环境,亟待通过优化相关政策与完善社会机制加以解决。

作答范例

退休老人再就业本是一件好事,既能让优秀的经验传承下来,又能充分发挥老年人的作用。退休老人再就业时被拖欠工资,且维权困难的情况,不仅让退休老人寒心,也让我们愤怒,需要我们加以重视。下面,我来谈一谈自己的看法。

这种事件的出现有诸多危害，不仅会打击事件中的退休老人的再就业积极性，让其对再就业失去信心，还会对更多的老年人产生巨大的负面影响，导致部分优秀的老年人才放弃再就业的想法。

探究出现这种事件的原因，我认为有以下几点。

第一，部分老年人法律意识不足。很多年轻人都难以辨明就业"套路"，更何况是老年人？而且，大多数老年人缺乏合同意识，难以很好地保护自身权益。

第二，部分企业社会责任感缺失，利欲熏心。部分企业会用高薪或极佳的待遇骗取老年人的信任，而在资金不足或已经达到自身目的的时候拒绝履约、拒绝承担应该承担的责任，拖欠工资甚至直接"跑路"，导致相关老年人的权益受损。

第三，相关制度不够完善。当前，对再就业老年人的权益进行保护的相关制度不够完善，老年人在再就业的过程中遇到工资、保险等权益受损的情况时，相关制度能够给予的支持不足，这会增加老年人的维权难度。

为了改变这种情况，我认为可以从以下几个方面入手、发力。

第一，鼓励退休老人再就业，在条件允许的情况下继续贡献自己的专业知识和技能，为社会发展助力。与此同时，全面提升老年人的法律意识，帮助其及时维护自己的权益。

第二，通过采取树立先进典型、给予优惠政策等措施，引导企业主动承担社会责任，善用银发资源。

第三，完善制度，加强作为。一方面，尽快完善退休老人再就业的相关保障制度，明确其保险、薪资等相关待遇；另一方面，加大监督力度和惩处力度，发现老年人权益受损的情况，及时对相关主体进行警告及惩处。

3.2.2 行为分析

行为分析应以题目中提及的行为为着眼点，分析目标行为的影响——针对积极的行为，论述其意义；针对消极的行为，论述其危害。从目标行为的合理性、合法性入手进行深入剖析也是可以选择的角度。

实例

近期，很多网络流行语被收录入词典，引起了人们的广泛讨论，对于这种现象，你有什么看法？

作答思路

对于收录网络流行语入词典一事，有两种观点，一种是同意，另一种是反对。既然此行为被实施，且有一定量的赞同声音，说明此行为是有一定的合理性的。从行为分析的角度入手，我们可以试着探寻此行为背后的意义及其合理性，并提出相应的策略建议。

第一步：意义探寻。其一，网络流行语往往承载着特定的含义和故事，是时代记忆的体现形式之一，因此，收录网络流行语入词典，有助于留住这些时代记忆；其二，语言是不断变化、发展、完善的，新的词汇的出现，是语言推陈出新的体现，因此，收录网络流行语入词典，有助于推动语言文化的发展。

第二步：合理性分析。其一，收录网络流行语入词典的决策应经过充分论证和评估，以保证该程序完整且合理；其二，具有足够价值的网络流行语才值得被收录入词典，因此，这些网络流行语本身价值几何很重要。

第三步：提出策略建议。从多个角度出发，我们可以提出积极的策略建议，例如，制定相关标准、政策或法规，规范网络流行语的使用；大力宣传，提升公众对网络流行语的认识；加大奖励或惩罚力度，引导网络语言健康发展。从提升自我或他人的认知、培养相关人才等方面入手，也能提出不少策略建议。

作答范例

收录网络流行语入词典，尤其是收录具有时代特性的网络流行语入词典，在我看来是一种文化进步的表现，具有丰富时代内涵的意义。下面，我来谈一谈自己的看法。

我认为，收录网络流行语入词典，至少有以下两个方面的积极意义。

第一，能够留住时代记忆。网络流行语往往能体现时代特征、体现特定时代的人们的诉求、喜好，因此，将具有时代特性的网络流行语收录入词典，能够留住有特色的时代记忆。

第二，能够促进文化发展。文化是需要发展、需要不断推陈出新、需要与时俱进地丰富内涵的,不断地将具有积极意义的网络流行语融入当代文化,才能不断地提升文化的生命力,让文化始终鲜活。

虽然我认为收录网络流行语入词典有着明确的积极意义,但我也必须强调,收录网络流行语入词典,应该是经过充分考虑、充分论证的结果。那么,什么样的网络流行语值得被收录入词典呢?至少应该满足以下两个条件。

第一,经过了严格的把关,即根据语言标准,通过了严格的筛选。能够入选的网络流行语,应该具有一定的文艺水平。

第二,具有时代特性。网络,实时反映着当代人们的想法和兴趣,收录网络流行语入词典,是传承文化、留住时代印迹的手段之一,因此,能够入选的网络流行语,应该具有时代特性。

针对收录网络流行语入词典的工作,我认为,有以下几个要点需要注意。

第一,执行严格的评估标准。收录网络流行语入词典,一定要有严格的评估标准,切实考查备选词的文化意义、内涵,以及语法规范。

第二,让群众参与筛选。筛选值得收录入词典的网络流行语时,不仅要听取专家的意见,还要听取群众的意见,最终收录入词典的网络流行语应该得到群众的支持。

第三,理性地看待文化发展。用包容的心态,理性地看待文化发展,因为只有不断地接受新鲜事物,才能够让整个社会得到持续的发展与进步。

3.2.3 小事件分析

小事件分析,又称切片分析,即将题目中的事件分割为若干部分,逐一进行深入分析。围绕各小事件逐一展开分析,能够让作答更具针对性。

注意,小事件分析并非适用于所有题目,在题目字数多、信息量大,且题目中有围绕核心事件的不同主体的多种行为的情况下,使用这一分析方法更为合理。进行小事件分析时,应当格外关注主体的变化,以及标点符号在题目中的分割作用。

> **【实例】**
> 某校大学生要做科学实验,一商家得知后,免费为实验者送了一箱实验中会用到的橘子。该校学生得知此事,纷纷到该商家的网店下单表示感激和支持。这件事引起了社会热议,对此,你有什么看法?

【作答思路】

实例中,两个行为共同导致"社会热议"这一结果的产生。

行为一:商家赠送橘子给学生用于科学实验。

这一行为体现了商家的慷慨与热心。从这一角度出发,一方面,我们可以分析商家此举能够给做科学实验的学生(以及学生群体)怎样的积极影响；另一方面，我们可以探讨商家为何会做出如此无私的举动。

行为二：得知商家的善举后，学生们纷纷到商家的网店下单表示感激和支持。

这一行为体现了学生们的感恩之心与回报之心，侧面反映了大众对商家的举动的认可与赞扬。对此，我们可以分析学生们为何会有这种自发的报恩行为。

作答范例

"商家为做科学实验的学生赠送实验用品（一箱橘子），得知此事的学生们纷纷到商家的网店下单表示感激和支持"，此事引起社会热议，不仅体现了社会文明的进步，还向大众展示了互帮互助、爱国奉献的高尚情怀。商家的做法值得我们点赞、学习，学生们的做法也值得我们称赞、鼓励。下面，我来谈一谈自己的看法。

这种现象具有诸多积极的意义。

第一，给科研工作者以肯定，激发他们的斗志。橘子虽小，满含信任。虽然只是一箱橘子，但是我们能体会到群众对科研工作的支持、对学生学业的支持，以及浓浓的爱国情怀。

第二，赢得社会认可，促进企业发展。商家的善意之举展现的支持态度、爱国情怀，为其赢得了社会认可，后续的众多订单就是最好的佐证。

第三，为社会树立榜样，营造良好风尚。此事体现的爱国之情、奉献之情、感恩之情非常值得大众学习。在诸多类似事件的影响下，会有越来越良好的社会风尚，进而不断推进社会文明建设进程。

出现这种积极现象，我认为主要有以下几个方面的原因。

第一，群众素质的提高、社会文明的进步、热心公益的氛围、爱国爱党精神的传递……这些积极力量，让类似的、感人肺腑的事件犹如泉涌。

第二，感恩意识的普及。得到赠礼之后，做实验的学生并没有将这些赠礼视作理所当然的收获，而是动员同学们支持商家，这种"滴水之恩，当涌泉相报"的举动，助力了"社会热议"的出现。因此，这一现象的出现，不仅归因于商家的无私付出，还与商家与学生们的"双向奔赴"有关！

为了让互帮互助、爱国奉献的精神被更多人认可、践行，我认为可以跟进以下两项工作。

第一，媒体加强宣传。无论是传统媒体还是新媒体，都要依托其影响力，广泛宣传好人好事、爱国事迹，营造互帮互助、热心友爱、爱国敬业的社会氛围。

第二，官方给予鼓励、认可。有关部门可以通过颁发证书、奖章等形式，对好人好事进行表彰，树立社会榜样。

3.3 态度观点类考题

分析态度观点类考题，首先，需要确定题目中观点的数量，即目标考题是单一观点考题、多观点考题，还是要求考生自行选择观点的考题；其次，使用论点与论据结合的经典框架组织分析内容，鉴于态度观点类考题的题目中一般没有具体事件，论据应依托题目进行引申，并综合使用道理论证法与举例论证法，提出切实可行的对策；最后，深入探讨如何践行目标观点，包括如何提升个人认知、如何推动正确观点的普及、如何优化行动等。

3.3.1 主体分析

进行主体分析时，为了保持逻辑的连贯性，建议考生按照从小到大的顺序组织分析内容，例如，从个人出发，逐步延展到企业、国家等更宏观的主体。这一分析方法，主要适用于有单一且积极的态度、观点的态度观点类考题，能够直观分析不同态度、观点对不同主体产生的影响。

实例

正所谓"小信成则大信立"，请针对"诚信"，谈谈你的看法。

作答思路

本题直接考查考生对"诚信"的看法，考查范围较宽泛，答题难度不小。作为一种积极的价值观，诚信的影响深远，因此，考生可以主体分析为轴，依次分析诚信对个人、企业、社会等不同主体的意义。

作答范例

（提出观点）古训"小信成则大信立"告诉我们，"诚信"对我们来说有着非同寻常的意义——它不仅是宝贵的财富，还是珍贵的历史遗产、当代文明的精神核心之一。一诺千金、一言九鼎等成语及其背后的典故在当代仍有积极的教育意义，需要我们学习、理解、铭记、践行。我认为，诚信是我们做人的根本。下面，我具体谈一谈自己的看法。

（个人角度）第一，诚信是一个人的立世之本。人无信不立，只有拥有诚信意识，践行诚信原则，才能更好地立足于当今社会。如今，诚信会对我们的个人生活品质产生重要影响，例如，征信系统在逐步完善，征信情况不佳的人，会受到限制出行、限制消费等惩罚，品尝不诚信的恶果。未来，在社会生活中，诚信会越来越重要。

（企业角度）第二，诚信是一个企业的发展之基。诚信，是现代企业闪亮的名片之一，只有诚信立业，企业才能在激烈的市场竞争中激流勇进。企业一旦失去了诚信，便失去了未来，例如，虽然部分不诚信的企业可以通过虚假宣传等方式在短时间内获得足量关注，但是时间会证明一切，这些企业会慢慢地被市场淘汰。

（社会角度）第三，诚信是一个社会的进步源泉。社会文明以诚信为先，诚信是贯穿社会发展进程的品质。如今，经济发展、社会进步都少不了诚信，政府言出必行，才能取得伟大成绩，拥有公信力，获得群众的支持、配合。一项项计划顺利实施，一个个承诺逐步实现……社会的诚信表现，是青年人奋斗的底气。

对我们来说，诚信，是生活的必需品。

（意识方面）一方面，我们需要增强诚信意识、学习诚信榜样、了解诚信内涵，将诚信原则内化于心，不断提高自己的思想站位。

（实践方面）另一方面，我们需要加强诚信实践，在人际交往中言出必行，不负信任，无愧于初心；在工作中谨记承诺，敢于担当，切实解决群众的问题，为群众撑起一片天。

3.3.2 时间维度分析

时间维度分析，即根据时间推移的逻辑顺序进行分析。当题目中的观点涉及优良的传统美德时，这种分析方法尤为适用。具体论证时，可以从过去、现在、将来等不同的时间节点入手进行阐述。

实例

荀子曰："不闻不若闻之，闻之不若见之，见之不若知之，知之不若行之，学至于行之而止矣。行之，明也。"请针对这段话，谈谈你的看法。

作答思路

荀子这段话的核心是强调实践的重要性，其中，"行之，明也"明确指出，只有积极实践，才能真正理解并掌握知识。因此，考生可以进行时间维度分析，先阐述实践在不同时间节点的重要性，再结合个人经历阐述自己对实践的理解和体会。

> **作答范例**
>
> 正所谓"道虽迩，不行不至；事虽小，不为不成"，题目中荀子的话，也是在告诉我们实践的重要性。"行之，明也"，对此，我深感认同。"行"为实践，为明理之路，我们必须重视实践。下面，我来谈一谈自己的看法。
>
> （历史角度）第一，实践是中华辉煌历史之源。历史的璀璨，由古人的积极实践创造。从神农尝百草到秦王扫六合，从三国鼎立发展到唐宋明清盛世接替，中国历史上有着无数璀璨的文明，出现了无数令人惊叹的奇迹，这背后是无数先辈、前人的奋斗与实践。唯有实践，能够让中华文明源远流长。学至于行之而止矣，唯有不断实践，方能行远。
>
> （现代角度）第二，实践是现代辉煌成绩之基。现代辉煌成绩，是无数社会建设者努力实践得来的，从艰苦卓绝的二万五千里长征到井冈山的星星之火，从石库门到天安门，从兴业路到复兴路……无数社会建设者努力奋斗、艰苦实践，一步一个脚印地走了过来。若想守住这些成绩，再创新的辉煌，需要我们这些新时代的年轻人继续努力奋斗、积极实践。
>
> （未来角度）第三，实践是未来披荆斩棘之剑。新征程开启，新挑战来临，过去的成绩越好，社会对我们、对未来的要求越高。面对前行路上的困难时，我们必须握好实践之剑，总结经验，提高

技术水平，创造新的奇迹。

未来，我一方面要补足精神之钙，加强理论学习，夯实理论基础，不断提升自己的精神素养及道德水平，另一方面要积极投身实践，在实践中总结经验，不断提高自己的公共服务能力，更好地为祖国建设奉献自己的力量。

3.3.3 分论点分析

分论点分析，在结构上类似于申论写作，主要用于分析有多个论点的发散性题目。分论点分析的难点在于如何在发散性题目中精准地找到并分析各论点。

> **实例**
>
> 风筝说："我在高处，看到的全是美丽的风景。"
> 牵绳说："你能停留在高处看风景，是因为有我的牵引。"
> 风筝奋力挣脱了牵绳，没想到，很快就被风吹得无处可寻。
> 请结合对这则寓言故事的理解，谈一谈你获得的启示。

作答思路

本题以寓言故事的形式呈现，具有一定的发散性。作答时，考生应保持冷静，从多个角度入手提炼观点。有多个观点时，可梳理分论点，逐一阐述。

分论点一：风筝与牵绳相互依存，缺一不可。没有牵绳的牵引，风筝无法飞翔；没有风筝的存在，牵绳也没有存在的必要。从这个角度出发，可以深入探讨团队合作的重要性。

分论点二：正确评估自身能力是一件很重要的事。风筝未能正确评估自身能力，误以为自己可以脱离牵绳，结果被风吹得无处可寻。这启示我们，任何时候都应该保持谦逊，不要妄自尊大。

分论点三：拥有理性思考能力是作出正确抉择的前提。风筝的挣脱，源于与牵绳的冲突，冲动之下，风筝选择了脱离牵绳。这启示我们，面对冲突和矛盾时，应该理性思考，避免盲目冲动。

作答范例

风筝与牵绳是唇亡齿寒的关系——风筝没有牵绳，飞不起来；牵绳没有风筝，没有存在的必要。以风筝的视角为主视角，我认为这个寓言故事向我们说明了团队合作的重要性，以及保持谦逊、理性思考的重要性。下面，我来详细谈一谈自己的看法。

第一，要正视团队合作的重要性。一个人的力量是微弱的，只有善用团队的力量，才有希望创造奇迹。团队一心，取长补短，所有成员均发挥自己的长处、弥补其他成员的短板，才能够事半功倍。相关的神话故事、寓言故事、真实事件有很多，无论是蛟龙入海、愚公移山，还是天宫出舱，均是团队配合的结果。众多科研成果、先进技术和科技人员相辅相成、协调配合，才能够不断获得伟大的成就，实现科技进步。反观个人英雄主义者，即使能在短时间内依靠较强的个人能力取得一定的成绩，长远看是"后劲不足"的，很难有真正伟大的成就。

第二，要时刻保持谦逊、谨慎的态度。正所谓"满招损、谦受益"，谦逊是中华民族的传统美德，只有时刻保持谦逊、谨慎的态度，努力学习、精进，才能不断成长、进步。作为青年人，应铭记已经取得的成绩并不是骄傲的资本，成绩背后，是多人的努力和付出，只有始终谦逊、谨慎，才能避免在取得优异成绩的喜悦中失去对自身能力的清晰判断。

第三，要养成理性思考的习惯。对基层干部而言，无论面对什么情况，都要冷静、理智，努力拥有泰山崩于前而色不变的气度。题目中的风筝，仅面对牵绳的"抢功"就失去了理智，冲动行事，导致自己被风吹离，得不偿失。

综上所述，作为新时代的青年人，要时刻牢记团队合作的重要性、牢记保持谦逊的重要性、牢记理性思考的重要性。面对基层工作时，我们一方面要重视团队配合，带着谦逊的态度，俯下身子到群众中去，倾听群众的所思所想，解决群众的问题；另一方面要理性、沉着，提高自己应对紧急情况的能力，在面对紧急情况时勇于挺身而出，为群众撑起一片天！

3.4 漫画类考题

作为一种新颖、独特的题型，漫画类考题经常在国考及部分省份的省考中出现，因此，熟练掌握漫画类考题的答题技巧是有必要的。

漫画类考题，主要考查考生的综合分析能力，因为漫画所反映的不是某类社会现象，就是某种道理。一般来说，只要能够准确理解漫画内容，就能较好地应对漫画类考题。

3.4.1 解题思路

1. 读懂漫画

面对漫画类考题，首先，对漫画进行整体观察，明确漫画主题；其次，关注漫画细节，如小图标、人物的表情及动作，寻找并提炼答题关键点；最后，整合漫画信息，深入理解漫画内容，确定答题的核心观点。

2. 读懂文字

漫画类考题，一般不仅有图像，还有文字描述。漫画类考题中的文字很重要，它们可能作为题目出现，可能作为漫画旁白出现，也可能作为漫画中人物的语言出现，绝大多数有重要意义。解题时，考生应结合漫画图像与文字，整体领会考题意图，总结自己的观点。

3. 重视多漫画对比

若漫画类考题中有多幅漫画，考生需要比较它们之间的异同，确定它们之间的关系，例如，有鲜明的对比关系或逻辑清晰的承接关系。通过比较，更准确地把握漫画内容。

面对漫画类考题，只要能够总结出正确的、明确的论点，就成功了一半。分析漫画时，考生不必局限于漫画本身，可以进行合理的联想与发散，或者进行深入的推导，找出更深刻的论点。

漫画类考题的思考、作答流程如下。

读取漫画信息→确定论点→根据论点展开论述。

3.4.2 实例分析

实例

根据漫画（如图 3.2 所示），谈谈你的思考。

图 3.2 漫画类考题实例

作答思路

漫画（如图 3.2 所示）中，一个人正在用笔描画树荫。阅读漫画中的文字，我们可以得知，漫画展示的是品格与名声的关系，嘲讽的是当前很多人追求名利、忽视品行的舍本逐末现象。通过深入分析漫画，结合现实生活，我们可以总结出一个社会现象："社会中，部分人有重名轻德的问题，他们试图使用各种手段美化自己的名声。"从这个角度出发，考生可以指出问题，并分析问题产生的原因和造成的危害。

作答范例

漫画形象地为我们展示了品格为树木、名声为树荫这一关系，说明了品格是根本、名声是表象的道理，同时指出了当前很多人重名轻德的现象——很多人妄想用各种手段粉饰名声，忽视对自身德行、品格的滋养。

我认为，这种现象会造成诸多危害。

第一，舍本逐末地追求名声不利于个人发展。德才兼备，德在先。有良好的德行与品格，好名声会随之而来，反之，苦心粉饰名声，名声似无源之水，难以为继，经历风吹雨打后，"无德"的本质必将暴露，被人唾弃。

第二，名声至上的观念不利于良好社会风气的形成与保持。借助粉饰名声取得理想的成绩不符合客观规律。例如，当前，很多"网红"借助各种机会火爆于网络后，很快由于德不配位等种种原因原形毕露，被淘汰、遗忘。这样的事情多了，社会风气堪忧。

藕发莲生，必定有根。以上现象出现的原因，我认为主要有以下两点。

第一，个人过于追求利益。追求名声的本质是追求财富与地位，粉饰名声的动力之一是得到更多的财富和更高的地位，这与个人的价值观有关。

第二,社会功利心理的影响。当前,社会功利心理并不罕见,快餐文化、"网红"经济等社会现象深刻地影响了一部分人,让其过于重视对名声的追求,忽视对品格的滋养,这与社会风气有关。

为了改变这种情况,减少类似现象的出现,我认为需要重点做好以下两点。

第一,社会要加强引导。社会要综合使用新媒体和传统媒体,积极宣传正能量,深挖正能量人物的故事,加强对正能量人物的宣传,以共情引发共鸣,帮助群众明辨是非。

第二,个人要树立正确的价值观。个人要主动学习、精进,提升、增强自己的道德修养、思想意识,并在实际生活中努力做到言行合一,取得符合自己身份、才能、品格的真实成绩。

3.5 综合分析题综合练习

实例

因为濒危,大熊猫受到了人类的高度重视,尤其是我国,为了保护大熊猫投入了大量的人力、物力。有人据此发表"人不如动物"的言论,对于这种现象,你有什么看法?

作答思路

这是一道社会现象类考题,通过介绍保护大熊猫的行动,引出全力保护各濒危物种的思想。针对这道题,首先,考生可以从保护濒危物种的角度入手展开讨论,论述保护生态环境的原因及重要性;其次，考生可以从部分人的生存环境不佳的角度入手，深入分析为何会出现"人不如动物"这种言论；最后，考生可以提出相应的、合理的对策。

具体逻辑：分析原因→找到问题→提出对策。

作答范例

针对题目中提及的保护以大熊猫为例的稀缺物种的行为，我持赞同意见，因为这不仅是对生态文明建设的具体实践，还是对自然界生态系统多样性与平衡性的高度尊重。针对"人不如动物"的言论，我持反对意见。下面，我来谈一谈自己的看法。

第一，我们需要明确：保护自然环境、保护濒危物种，是具有合理性的行为。

一方面，保护自然环境、保护濒危物种是人类义不容辞的责任。在经济发展过程中，人类走过以破坏自然环境为代价获取经济利益的道路，如今，人类应该扛起修复责任，并尽己所能保护自然环境、保护濒危物种。

另一方面，保护自然环境、保护濒危物种是社会发展绕不开的一环。人类社会是自然环境的一部分，保护自然环境，就是促进社会发展，只有生态文明可持续发展，社会才能持续进步、经济才能持续发展。要知道，良好的生态环境是经济腾飞的基础。

第二，我们需要关注网络上的不同声音。

为什么会出现"人不如动物"的言论？我想可能是因为部分帮扶

保障政策落实不到位，仍有特殊群体亟待帮助。当前，社会上确实存在部分弱势群体生活质量不佳、经济困难等问题，我反对"人不如动物"的言论，但同时认为我们不能对弱势群体的困难视而不见。

无论是保护自然环境、保护濒危物种，还是帮扶弱势群体，都是社会发展进步的重要环节。以下工作，是我们可以努力去做的。

第一，加大宣传引导力度。综合使用新媒体和传统媒体宣传生态文明理念，在社会范围内广泛培养生态文明意识，鼓励群众积极参与环境保护工作。

第二，加强行动落实。将生态环境保护政策及污染防治政策落实到位，做到落实政策不打折扣，持续打好污染防治攻坚战，为打造生态文明社会、走可持续发展之路提供坚实的社会基础。

第三，完善社会救助和保障制度。持续关注特殊群体的需求及经济社会的发展变化，根据社会发展情况，及时更新、完善、落实社会救助和保障制度，让特殊群体获得足够的社会关注与关爱。

实例

目前，很多地方有春节期间禁止燃放烟花爆竹的规定，对此，网络上反对的声音很多。对于这种现象，你有什么看法？

作答思路

针对题目中的现象，考生可以辩证地论述——既探讨规定出台的背景，又分析出现反对的声音的原因。论述完成后，提出有效解决相关问题的对策。

具体逻辑：明确观点→综合分析→提出对策。

作答范例

目前，很多地方有春节期间禁止燃放烟花爆竹的规定，对此，网络上反对的声音很多，我认为，大家需要客观、理智地看待禁止燃放烟花爆竹这件事。

一方面，群众要认识到，虽然当前的环境保护工作取得了一定的成绩，但是情况仍然严峻。部分城市的空气质量不佳，极易受到一些人为因素的影响，例如，工厂废气、汽车尾气、烟花爆竹燃放粉尘，这些人为因素给优化城市环境带来了一定的阻力，同时加大了优化空气质量的难度。

另一方面，政府需要听到群众的呼声。群众想过有年味的新年，而烟花爆竹与年味有某种约定俗成的关系——在过年期间燃放烟花爆竹是传统习俗之一，此举有赶瘟疫、赶年兽的意义，蕴含着群众对新的一年的美好期待。

因此，针对能否燃放烟花爆竹这一问题，我认为既需要关注环境保护要求，又需要客观考虑对传统习俗的继承和对群众期待的回应。做好以下3项工作，或许可以更好地解决这一问题。

第一，做好宣传讲解。政府可以在出台禁止燃放烟花爆竹的规定的同时，对在当前环境中燃放烟花爆竹的负面影响，以及禁燃的科学性与可行性论证资料进行公告，通过公告详尽的事实依据、空气质量数据，以及对潜在影响的全面剖析，消除群众对禁燃规定的误解，彰显决策的科学性。

第二，提高烟花爆竹的制作水平。燃放烟花爆竹的最大问题，是燃放粉尘会对大气环境产生负面影响。提高烟花爆竹的制作水平，将燃放粉尘对大气环境产生的负面影响降到最低，可以从源头解决问题。

第三，创新方式方法。规定燃放烟花爆竹的时间及地点，组织集中燃放是一个可行的方法，既能够满足群众的过年娱乐需求，又能够将燃放粉尘对大气环境产生的负面影响限制在可控范围内。

实例

如今，在航天事业的发展前沿、在奥林匹克运动会的赛场上、在疫情防控的"阻击战"中……随处可见二三十岁的青年人的身影。对于这种现象，你有什么看法？

作答思路

这是一道社会现象类考题。二三十岁的青年人在多个场景中发光发热是一种积极的社会现象，针对这种现象，考生应该首先阐述其积极意义（可以将题目中提及的3个社会现象作为具体例子纳入答案），然后指出可能存在的问题，最后提出相应的对策。

具体逻辑：明确观点→综合分析→提出对策。

作答范例

一代人有一代人的担当，当代青年是能担当、有力量的青年，作为其中的一员,我感到十分荣幸与自豪。下面,针对现代社会中青年人积极活跃的现象,我来谈一谈自己的看法。

题目直观传达的是"青年人用行动证明着自己存在的意义"。

第一,青年人用实际行动彰显着自己的价值。青年人用实际行动及勇于担当、奋斗的精神撕掉了以往贴在自己身上的"娇气""软弱"等标签,改变了社会中部分人的偏见,得到了更多的信任和支持,此举有助于自己日后在各行业中继续奋发前行、大胆作为。

第二,青年人为祖国建设注入了新鲜力量。青年人充满活力、富有激情,能够借助自己顽强拼搏的毅力、创新的思维掌握高新技术,为社会建设提供新思路。无论是在航空航天方面,还是在奥林匹克运动会的赛场上,抑或是在其余各行业中,青年人都能取得亮眼的成绩,促进各行业的发展。

题目中用于举例的是有成绩、有担当的青年人,不可忽视的是,社会上,还有部分青年人是存在问题的,例如,社交能力、自立能力、自理能力等能力不足,努力动力不足,心态失衡。导致这些问题出现的原因是多方面的,主要有如下两点。

第一,当前教育制度存在缺陷。应试教育的弊端始终未消,部分学校为了追求升学率,忽视学生的全面发展,使部分学生在社交能力、生活能力等非应试能力上存在欠缺。为了改变这种情况,教育转型迫在眉睫。

第二,过度娱乐的情况较严重。娱乐至上的观念深入青年群体，部分青年人缺乏独立思考能力、自立能力，甚至因沉迷于娱乐，如沉迷于追剧、追星，影响自己的正常生活。这样的青年人，往往易受不良信息引导，做出错误行为。

为了让更多的青年人获得更好的发展、更好地实现自己的价值，我认为，可以从以下3个方面发力。

首先，完善干部培养、考核机制。一方面，制订青年学习培养计划，为青年人搭建终身学习平台；另一方面，完善青年干部考核机制，让青年干部获得更多上升的机会与空间，以及施展能力的平台。

其次，全面提升青年人的综合素质。推动教育着眼未来，让更多的教育工作者认识到培养学生全面发展的重要性，以便其更科学、合理地设置课堂学习环节，在保证教给学生足够多的知识的基础上，注重学生的全面发展，增强学生的学习意识和担当意识。

最后，加强社会引导。综合使用新媒体和传统媒体，为青年人树立优质榜样，传播正能量，引导青年人正确地看待奉献与享受/娱乐的关系，提高独立思考能力，培养终身学习习惯，增强积极奋斗意识，在更多的领域发光发热。

实例

古语云，学者非必为仕，而仕者必为学。习近平总书记曾引用这句话，指出这是对从政者的要求，并为所有干部指明了方向。作为基层工作人员，请针对这句话，谈谈你的看法。

作答思路

这是一道态度观点类考题,考查重点是"仕者必为学",因为习近平总书记曾引用这句话寄语干部,要求干部坚持学习。考生可以多角度分析题目,先阐述为什么需要终身学习,再介绍作为基层干部,应该怎样践行终身学习。

具体逻辑:明确观点→分析原因→归于实践。

作答范例

所谓"学者非必为仕,而仕者必为学",意思是有学问的人不一定要做官,但做官的人必须坚持学习、全面学习、终身学习。习近平总书记引用这句话寄语干部,为公职人员指明了努力的方向,作为一名基层工作人员,我一定会落实习近平总书记的要求,不断锤炼自己的本领,提高自己为人民想办法、出主意、解难题的能力。

为什么必须践行终身学习?我认为主要有以下3点原因。

首先,基层工作人员践行终身学习,是由基层的工作状态决定的。基层工作是"上面千条线,下面一根针"的工作,各职能部门的政策和要求均需要基层工作人员具体落实、执行,这决定了基层工作人员必须践行终身学习,成为"全才"。

其次,基层工作人员践行终身学习,是由时代的转型方向决定的。近年来,"最多跑一次"改革不断推进、"互联网+政务"模式逐渐落地、服务型政府建设不断加速,基层工作人员必须坚持学习、全面学习、终身学习,为服务型政府建设打牢根基,为相关部门的治理能力现代化目标的实现奠定基础。

最后，基层工作人员践行终身学习，是由信息化、全球化的时代背景决定的。一方面，当前科技快速发展，基层工作人员只有不断学习并掌握最新的科学技术，熟练使用最新的工具，才能做好社会管理工作；另一方面，随着全球化加速，地方政府的对外交流行为越来越多，基层工作人员只有做到坚持学习、全面学习、终身学习，才能自如地在对外交流中讲好中国故事、展示中国形象，进而实现招商引资、文化传播等目标。

作为一名基层工作人员，我一定会积极践行终身学习。首先，通过向领导、业务骨干学习，了解高效的工作经验、技巧、方法，不断提高工作效率、服务质量；其次，通过进行书本学习、网络学习，了解党的治国理政思想、大政方针，为群众提供更专业、更优质的服务；最后，积极、踊跃地参加单位组织的业务技能培训，在政治上做到向中央看齐，在思想上做到以人民群众为中心，在行动上做到切实为人民群众排忧解难，不断提高公共服务能力。

实例

请针对"度"这个字，谈谈你的看法。

作答思路

这是一道态度观点类考题，题目非常简单，但可发散的点不计其数。针对"度"，我们可以联想到深度、高度、温度、广度、力度等，考生选取自己最熟悉的"度"，结合工作、生活、梦想，分几个方面进行论述即可。

具体逻辑：明确观点→多角度论述→归于实践。

> **作答范例**
>
> "度"，一字千金。作为度量的标准，其意蕴深远，除了与物理尺度有关，还蕴含硬度、深度、高度、力度、热度等多重哲理。结合基层工作实践，下面，我来谈一谈自己对"度"的看法。
>
> 第一，坚持原则要有"硬度"。坚持原则、坚守底线，是中华民族的优良传统，是无数先辈留给当代干部的宝贵财富。只有坚持原则、坚守底线，才能保证权为民所用。作为基层工作人员，工作中常会直面种种外来诱惑，如果做不到坚持原则、坚守底线，容易导致公权力成为投机取巧者的"金钥匙"。
>
> 第二，思想认识要有"高度"。心中有信仰，脚下有力量。只有提高思想觉悟，不断学习党的最新思想，才能不迷失方向；只有不断增强服务意识、爱国意识，才能真正在党和人民需要的地方绽放青春之花。
>
> 第三，服务群众要有"热度"。群众无小事，枝叶总关情。作为基层工作人员，需要真真切切地认清我们与群众之间的鱼水之情。只有带着工作热情，切实为群众解决问题，才能真正让群众感受到温暖！
>
> 作为新时代青年，作为基层工作人员，我认为，一方面，我要树立远大理想，加强思想学习，以先辈、先烈为镜，以贪腐干部为

戒,坚持原则、坚守底线,同时加强纪律学习,对法律、制度、人民保持敬畏之心,牢记反面实例给我们敲响的警钟;另一方面,我要深入群众,为群众服务,倾听群众的想法,努力解决困扰群众的问题,不断提升群众的幸福感、获得感和满足感。

实例

卢梭有言,人是生而自由的,却无往不在枷锁之中。请针对这句话,谈谈你的看法。

作答思路

这是一道态度观点类考题。"人是生而自由的",说明人有自由的权利,由此,我们能够想到言论自由、人身自由等;"却无往不在枷锁之中",说明自由是与枷锁共存的,注意,这里的"枷锁"可以不是真正的枷锁,可以是道德、法律等,即在法律、道德约束中的自由才是真正的自由,针对这一点,我们可以分析法律、道德约束中的自由有什么意义、为什么要在约束中自由等。

具体逻辑:明确观点→分析原因→归于实践。

作答范例

题目中卢梭的话说明人生来拥有自由的权利,例如,言论自由、人身自由,同时告诉我们,这些自由都是在法律、道德的约束中存在的"相对自由",只有这样的自由,才是真正的自由。这句话的重点是让大家有规则意识、法律意识,下面,我来详细谈一谈自己对规则意识、法律意识的理解。

规则意识、法律意识有诸多意义。

第一,有规则意识利于个人发展。规则、法律,是展示人生精彩的舞台的边界,一旦越界,只能成为界外的观众,感叹别人人生的精彩。换句话说,只有在合规、合法的范围内行使权利、履行义务、享受自由,才能充分感受人生的精彩。因为没有规则意识而走上违法乱纪道路的实例太多,那些实例的主人公,大多只能自食恶果、后悔不已。

第二,有法律意识利于社会进步。只有有法可依、有法必依,才能保证社会的稳定、和谐。建立稳定的秩序、完善法律法规、弘扬优秀的传统文化、歌颂伟大的精神……种种举动,营造着和谐、稳定的社会环境,积极、向上的社会氛围。有这样的社会环境、社会氛围,我们才得以在最安全、最文明的国度享受自由。

对我来说,一方面,我会不断增强规则意识、法律意识,知法守法,认真学习先辈、先烈的宝贵精神,提高个人素养;另一方面,在实践过程中,我会坚持原则、坚守底线、抵制诱惑,真正成为合格的社会建设者。

Chapter 04
第4章
详解题型之组织管理题

近年来，组织管理题在公务员面试及事业单位招聘面试中有着举足轻重的地位，无论是国家公务员面试、省级公务员面试、选调生面试，还是各事业单位的人员招聘面试，均有该类型题目的存在。

随着结构化面试模式的日益普及与完善，组织管理题的题目有逐步精细化的趋势，会紧密结合实际工作场景与具体事务，全面考查考生的组织协调能力、问题解决能力，以及实际操作能力，以确保选拔出的人是能够胜任岗位的高素质人才。

4.1 概览组织管理题

虽然公考面试中的组织管理题不深入涉及高度专业化的、具体的政府事务处理流程，但是考生仍然需要在作答过程中体现自己对政府事务处理逻辑的基本理解和遵循。

组织管理题的核心考查点是考生的组织协调能力，以及对题目细节的捕捉能力与处理能力。如果考生能够构建起针对组织管理题的独特且正确的思考框架并掌握相关作答策略，那么，应对这类考题是游刃有余的，往往能够快速、准确地把握问题的本质，进而给出恰当的解决方案。

4.1.1 组织管理题的出题方向

根据真题总结得出，组织管理题的出题方向主要有调查、调研、宣传、宣讲、培养、培训、比赛、评比、接待、考查、整改、整治等常规活动的组织管理，以及其他类型的非常规活动的组织管理。在所有组织管理题中，调查/调研类考题、宣传/宣讲类考题、培养/培训类考题、比赛/评比类考题的考查频率较高，因为这些考题对应的问题是实际工作中较为常见的问题。

接下来，我们通过实例进一步了解组织管理题。

> **实例** ……
>
> 实例一（调查/调研类考题）：领导安排你针对"放管服"改革开展一次调研，你会怎么做？（"放管服"是"简政放权、放管结合、优化服务"的简称）
>
> 实例二（宣传/宣讲类考题）：街道要组织开展居民安全宣传活动，若领导将组织工作交给你负责，你会如何组织？
>
> 实例三（培养/培训类考题）：领导安排你组织一次针对提高应届毕业生就业、创业能力的培训，你会如何组织？
>
> 实例四（比赛/评比类考题）：为了迎接建党100周年，领导让你组织一次演讲比赛，你会如何组织？
>
> 实例五（整改/整治类考题）：单位计划对辖区内手工店铺的安全生产问题进行排查，若领导将组织工作交给你负责，你会如何组织？

> 实例六（接待/考查类考题）：隔壁市的兄弟单位计划来你所在的单位学习，若领导将接待工作交给你负责，你会如何接待？
>
> 实例七（其他类考题）：单位计划组织一次党史知识教育讲座，请一位抗美援朝老兵讲述红色故事，目标受众是全体党员。若领导将组织工作交给你负责，你会如何组织？

近年来，随着结构化面试的不断完善，组织管理题的出题形式越来越灵活、题目越来越向实际工作内容贴近，对考生的逻辑思维能力和组织管理能力有越来越全面的考查，需要考生在备考过程中给予更多的关注。

4.1.2 组织管理题的考情

近年来，组织管理题的考查点越来越精细，会对具体工作环节进行细致的考查。接下来，我们依托实例对组织管理题进行详细介绍。

先看调查/调研类考题实例。

> **实例**
>
> 实例一（常规考查）：为了切实解决企业的用工难问题，你所在的部门准备开展一次调研活动，若领导将该工作交给你负责，你会怎么做？
>
> （常规考查中，问题导向较明显，会给出大致的作答方向。）
>
> 实例二（细致考查）：某县是劳务输出大县，在提倡就地过年的大环境中，很多务工人员无法返乡，导致县内有大量留守儿童无

法与父母一起过年。对此，你所在的部门拟为留守儿童举办一次活动。若领导将该工作交给你负责，你认为需要通过调研获取哪些信息？能够使用哪些调研方法获取目标信息？

（细致考查中，问题更加明确，且将作答范围限制在了某个环节中。这种细致考查，对考生的应变能力与知识储备量的要求非常高。）

再看宣传/宣讲类考题实例。

> **实例**
>
> 实例一（常规考查）：针对传统家禽的品种正在逐步减少的情况，你所在的单位计划组织开展养殖新品种家禽的宣传工作，若领导将该工作交给你负责，你会怎么做？
>
> 实例二（细致考查）：你所在的单位准备组织一个以安全进校园为主题的宣传活动，领导将该工作交给你负责，并安排小王和小李辅助你。在商量如何开展此次活动时，小王和小李有不同的意见——
>
> 小王说："此次活动的形式一定要新颖。"
>
> 小李说："参加活动的人很多，容易出现计划外的问题，形式要保守一些。"
>
> 小王说："你太杞人忧天了，能出现什么问题！"
>
> 作为此次活动的总负责人，面对这种情况，你会怎么做？
>
> （细致考查中，矛盾点比常规考查多了很多。）

根据实例可以发现，与常规考查相比，细致考查有两个明显的特点，一个特点是提问更加明确，并将作答限制在某个环节中；另一个特点是题目中有明显的矛盾点，要求考生在完成基本组织管理工作的同时，针对题目中的矛盾点提出处理方案。

4.1.3 组织管理题的破题思路

针对组织管理题，我们可以用最常规的逻辑作答，即"事前——事中——事后"，这也是实际工作中最常见的基本工作模式。

1. 事前准备环节

针对事前准备环节组织答案时，可以重点关注以下5个工作要点。

（1）询问领导

当题目中出现"领导将该工作交给你负责"等表述时，作答时最好提及"询问领导"这一工作。通过询问领导，了解工作要求、预期效果、成本预算等。

（2）组建团队

当题目中有时间紧、任务重的情况，或者举办活动的准备环节较多时，作答时最好提及"组建团队"这一工作。组建团队的过程中，最关键的是筛选人员，一定要关注人员的能力和品质。

（3）借鉴经验

当题目给出"你是新人""作为新人"等提示时，作答时可以重点提及找同事、兄弟单位借鉴经验，查询以往方案或留存卷宗也是借鉴经验的有效方法。

（4）全面了解

当题目中有一些专有名词，或活动主题较复杂时，作答时可以重点提及自己要做"全面了解"工作——通过上网搜索、查阅政策文件，熟知、掌握会议精神、活动主题，以便更好地组织活动。

（5）动员造势

当题目中指定的活动需要集体参加或需要提高参加者的参与积极性时，作答时最好对"动员造势"工作加以强调。动员造势，主要是通过各种宣传渠道将活动时间、活动地点、活动意义、活动流程等要点告知活动参加者。

2. 事中开展环节

事中开展环节，对应的是计划的完成过程。为了做好事中开展工作，考生要特别注意以下几个工作要点。

（1）明确分工和责任

根据计划和资源安排，明确各成员的分工和责任，确保每个人都清楚自己的工作任务和对应的任务要求。

（2）关注并把控进度

工作过程中，密切关注计划的完成情况，及时发现并解决问题，确保计划按期推进。

（3）协调资源和关系

根据工作需要，合理调配资源，与其他部门或人员建立良好的合作关系，保证顺利完成各项任务。

（4）调整计划、应对变化

在事中开展环节，可能会出现一些未能预见的变化或问题。在这种情况下，要及时调整计划，采取应对措施，将风险控制在可处理的范围内。

（5）保持沟通、即时反馈

与团队成员保持密切的沟通，让反馈渠道始终畅通，以便及时了解彼此的工作进展和遇到的问题，共同解决问题、推进工作。

在事中开展环节，要特别关注工作细节和执行情况，努力按计划协调、推进工作，同时保持工作的灵活性和适应性，以便即时根据实际情况微调计划、应对变化。此外，有效的监督和控制也很重要，以便确保任务顺利完成。

3. 事后总结环节

在组织管理题的作答过程中，事后总结环节的论述非常重要，主要包括以下几个方面。

（1）回顾计划和计划的完成过程

回顾计划和计划的完成过程，包括时间安排、人员分工、资源使用等。

（2）分析得失

通过分析，明确取得的成绩和存在的不足，找出成功或失败的原因。

（3）总结经验教训

总结经验教训，明确应该在未来的组织管理工作中注意的问题及工作改进方向。

（4）形成书面材料

将总结的内容整理成书面材料，包括文字描述、图表、数据等，以供回顾和交流。

（5）反馈和建议

将总结的内容反馈给相关人员，提出改进建议和措施，促进组织管理水平的提高。

事后总结环节的论述一定要理性、客观，公正地评价自己的工作，既要肯定成绩，又要正视不足。如果工作中有所疏漏，要深入分析出现问题的原因，提出切实可行的改进措施。

4.2 调查 / 调研类考题

调查 / 调研类考题的作答重点是完成调查 / 调研准备、确定调查 / 调研方式、明确调查 / 调研内容、选定调查 / 调研对象。

首先，完成调查 / 调研准备。调查 / 调研准备是整个调查 / 调研过程的起点，涉及确定调查 / 调研的目的、范围和时间安排。在这个阶段，需要明确调查 / 调研的核心问题，并制订相应的计划、策略。

其次，确定调查/调研方式。调查/调研方式决定着我们如何收集数据。常见的调查/调研方式包括问卷调查/调研、电话访谈、座谈、实地走访、暗访等。选择合适的调查/调研方式，对确保数据准确、可靠而言至关重要。

再次，明确调查/调研内容。调查/调研内容，即需要了解的具体信息，包括被调查/调研者的行为习惯、态度观点、生活状况等。调查/调研内容的设计需要紧扣调查/调研目的，确保收集到的信息与核心问题密切相关。

最后，选定调查/调研对象。调查/调研对象是调查/调研数据的来源，可以是个人、组织、群体，也可以是整个社会。选定调查/调研对象前，必须认真评估其是否具有代表性、可访问性等。

调查/调研准备、调查/调研方式、调查/调研内容和调查/调研对象相互关联，共同决定着调查/调研的质量和结果。因此，设计和实施调查/调研时，我们需要综合考虑这4个方面的内容，以确保获得准确、可靠的数据，支持自己的决策和结论。

调查/调研类考题的作答思路如图4.1所示。

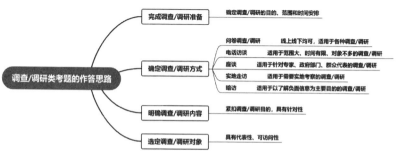

图 4.1　调查/调研类考题的作答思路

> **实例**
>
> 为了切实解决企业的用工难问题,你所在的部门计划组织开展一次调研活动,你认为怎么做才能最大程度地保证调研结果真实有效?

作答思路

题目落脚于保证调研结果真实有效,因此,考生作答时应当重点说明怎样提高调研结果的真实性、有效性。

具体逻辑:前期准备→开展调研→总结报告。

作答范例

针对企业用工难问题,为保证调研结果真实有效,我认为做好充分的调研准备是非常重要的。一方面,我会组织专业的调研团队,邀请调研经验丰富且了解我市企业用工情况、运营状况的同事入队,做好人力支持;另一方面,我会提前了解本市企业的相关信息,对本市企业的基本情况做到心中有数。

为了进一步提高调研结果的真实性和有效性,我会尝试丰富调研方式、增加调研对象。

第一,联系相关部门进行调研。重点了解我市当前对外来务工人员的管理政策及我市企业用工是否有优惠补贴等相关政策,做好政策知识储备。

第二,深入企业进行调研。重点了解本市企业的规模,以及当前实际存在的用工问题;重点了解企业用工难的表现——是专业工种短缺、用工资金不足，还是用工数量不合理；重点了解我市企业的平均薪资、福利等待遇现状，以及用人缺口信息。通过对以上3个方面的内容的重点了解，对企业的用工难问题进行深度分析。

第三，面向一线工作者进行调研。使用官网、微信公众号等平台，向广大一线工作者发布调研问卷，广泛了解一线工作者的家庭住址、能力水平、工作经验，以及期望获得的薪资、福利等待遇，探究一线工作者不愿意来我市务工的主要原因，并争取掌握更多一线工作者的就业意向。

第四，面向专家进行调研。约请专家分析我市的经济发展情况、企业发展问题，深入探究我市企业用工难的根本原因，并向专家请教他们对于解决我市企业用工难问题的看法和建议。

进行充分调研后，我会对调研结果进行整理、分类、分模块汇总，剔除无关信息，保证调研结果的有效性和真实性。与此同时，我会根据调研结果，结合专家建议，总结出完善的调研报告并认真向领导进行汇报。

4.3 宣传/宣讲类考题

宣传/宣讲类考题的作答重点是选定宣传/宣讲对象、确定宣传/宣讲方式、明确宣传/宣讲内容。

首先，选定宣传/宣讲对象。针对不同的宣传/宣讲对象，可以合理组织不同的宣传/宣讲内容。宣传/宣讲对象，可以是无特定要求的大众群体，也可以是根据年龄、性别、职业、社会角色等进行分类后的特定群体。

其次,确定宣传/宣讲方式。宣传/宣讲方式可以细分为线上宣传/宣讲方式和线下宣传/宣讲方式两种,线上宣传/宣讲可以综合利用传统媒体和新媒体,线上传统媒体包括广播、电视,目标受众是中老年人、出租车司机等,线上新媒体主要指微博、微信、抖音等平台,目标受众是爱刷热搜、短视频的年轻人;线下宣传/宣讲可以广泛使用海报、横幅、传单等物料,宣传/宣讲形式多样,例如,比赛、讲座、路演。

最后,明确宣传/宣讲内容。宣传/宣讲的内容是重中之重,选择范围包括某知名事件的背景、某特定主题的内涵及意义、某些典型案例的相关情况、某些问题的严重性及解决措施等。宣传/宣讲内容要紧密围绕宣传/宣讲目的,为宣传/宣讲目的服务,例如,宣传/宣讲反诈的重要性,可以多举典型案例;宣传/宣讲绿色出行的重要性,可以详细聊聊生态文明的内涵和绿色出行的意义。

宣传/宣讲类考题的作答思路如图4.2所示。

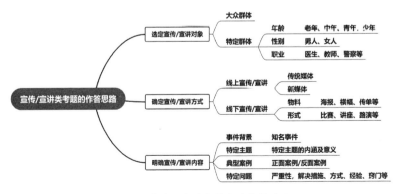

图4.2　宣传/宣讲类考题的作答思路

> **实例**
>
> 为响应节约粮食的号召,你所在的单位计划开展"光盘行动",你认为如何宣传此次活动,能让活动的辐射面更广?

作答思路

题目虽然提到了"光盘行动",但是落脚点不是组织活动,而是宣传活动,不要审错题。题目中有两个点值得关注,一个是节约粮食,另一个是"光盘行动"。考生既需要充分了解相关活动的形式、内容等,又需要结合单位的实际情况,针对不同主体进行宣传。

具体逻辑:前期准备→开展宣传→长效机制。

作答范例

组织"光盘行动",有助于帮助大家养成节约粮食的习惯。针对这样一个非常有意义的活动,我会按照以下几个步骤进行宣传。

第一步,进行充分的前期准备。

一方面,我会充分了解此次"光盘行动"的活动形式,并广泛搜寻相关的宣传经验;另一方面,我会提前准备宣传单、海报等宣传物料。

第二步,集中力量开展宣传。

宣传,可以细分为线上宣传和线下宣传。线上宣传,比如,在官网、微信公众号等平台上发布相关文章,明确"光盘行动"的意义、内容和活动形式;又如,组织"线上光盘打卡",鼓励大家上传"光盘"照片进行打卡,赢取奖励,积极参加相关活动。线下宣传,比如,在食堂、走廊等处张贴与"光盘行动"、节约粮食相关的海报,并发放节约粮食宣传单,营造活动氛围;又如,对食堂工作人员进行培训,说明此次"光盘行动"的具体内容,并邀请成功组织过"光盘行动"的活动负责人进行经验分享;再如,在单位内部召开宣讲会,对"光盘行动"进行介绍,详细阐述活动内容,说明节约粮食的重要性及我国的粮食安全问题,通过展示详细的数据、影视资料,提高同事们对节约粮食的认同度,进而提高同事们的配合度。线下宣传时,可以组织大家交流节约粮食的方法、在外用餐时合理点餐的技巧等,倡导员工积极"光盘"。

第三步,推动长效机制的建立。

为了进一步巩固宣传效果,建立长效机制,一方面,可以将宣传活动的相关照片、视频上传至官网、微信公众号,展示活动成果,进行二次宣传;另一方面,可以设置节约粮食宣传周,例行活动,久久为功!

4.1 培养/培训类考题

培养/培训类考题的作答重点是储备师资力量、把控培养/培训过程、保障培养/培训效果。

首先,储备师资力量。为了确保培养/培训质量达标,必须储备足够的有经验及专业知识的师资力量,这是答好培养/培训类考题的基本前提。在这一部分的论述过程中,要强调对教师的评估和选择——除了要评估教师的专业知识和经验,还要评估教师的教学风格与教学内容的适配度、教师的沟通能力及互动能力等。

其次，把控培养/培训过程。培养/培训的方式是多样的，但一般以理论+实践的模式为最佳。具体而言，培养/培训的方式包括集体学习、讨论学习、代表发言、实地考察、观看影片、交流心得体会、头脑风暴、素质拓展、自学整理、视频教学、远程教育、现场实践等。

最后，保障培养/培训效果。为了保障培养/培训效果，需要加强考核。考核包括日常考核和终极考核，日常考核与培养/培训日常管理类似，如签到考核、小节考核，日常考核结果可用于辅助调整培养/培训计划；终极考核一般安排在培养/培训告一段落时，可以推动理论考试与实践测评结合、主客观结合，利用竞赛（技能竞赛、业务知识竞赛）、考试（笔试、面试）等形式进行考核，并制定奖惩制度，对合格者进行表彰、给予物质奖励、发放证书，安排不合格者重新进入培养/培训流程。

培养/培训类考题的作答思路如图4.3所示。

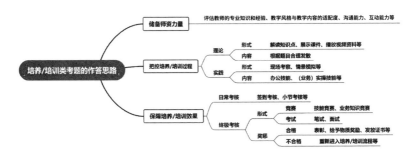

图4.3　培养/培训类考题的作答思路

> **实例**
>
> 你所在的单位计划组织一次针对新员工的培训活动,如果领导将组织工作交给你负责,你会如何组织?

作答思路

在结构化面试中,针对培训活动的考查出现的频率较高,因此,考生需要对培训活动的相关知识进行一定量的储备。

新员工培训的内容通常较多,既有工作制度讲解,又有工作内容说明,有时还可以在培训过程中检验工作技能掌握情况。这些基础内容,是考生一定要了解的。

具体逻辑:前期准备→开展培训→巩固成果。

作答范例

针对新员工的培训活动,能够帮助新员工了解工作流程、工作制度,更快地融入工作环境。组织此次培训活动,我将主要做好以下几项工作。

第一,做好充分的前期准备。

一方面,根据新员工入职岗位的技能要求、新员工的知识水平等情况,详细制订与新员工实际情况匹配的培训方案;另一方面,邀请优秀的资深员工、业务精英担任培训老师,明确培训时间、地点,确保培训活动顺利进行。

第二,开展理论+实践培训。

分3个环节,全面开展理论+实践培训,具体如下。

环节一，组织工作制度解读。邀请单位领导或人事负责人解读工作制度，明确工作流程和工作要求。对于工作"红线"、工作纪律，要进行重点讲解。通过进行工作制度解读，帮助新员工了解工作制度，熟悉工作要求，尽快适应工作环境，以良好的状态投入工作。

环节二，组织工作经验分享。邀请业务精英、模范、骨干分享工作经验和工作心得，帮助新员工掌握提高工作效率、总结工作经验的方法。此外，针对新员工的实际情况，着重介绍需要特别关注的工作重点，帮助新员工熟悉工作流程、掌握难点工作的处理技巧。

环节三，组织实际演练。使用线上培训平台模拟工作情境，对新员工进行政务处理培训和突发情况应对培训。通过组织实际演练，帮助新员工更加熟练地使用政务平台，做好流程审批工作和公共服务工作。通过跟进实际演练，检验新员工对工作要求、工作流程的了解情况，测评其应急处理能力。

第三，巩固培训成果，提出更多培训建议。

一方面，如实地向领导汇报此次培训的情况及成果；另一方面，提出组织月度或季度技能培训和经验交流会的建议，以期不断提高新老员工的工作水平和工作效率，共同进步。

4.5 比赛/评比类考题

近年来，比赛/评比类考题的出现频率较高，且题目中的活动类型越来越丰富，这要求考生不仅要熟悉比赛/评比活动的基本要素，还要在作答时与比赛/评比内容紧密结合。

面对比赛/评比类考题，需要重点关注以下9个要点。

要点一：听取多方意见，制定科学合理的比赛/评比规则，做好比赛/评比规划。

要点二：及时进行全面宣传，寻求多方参与。

要点三：明确比赛/评比流程，突出流程亮点。

要点四：明确比赛/评比的评分标准、得分规则、晋级规则、淘汰规则等。

要点五：确定比赛/评比的评委，根据比赛/评比的不同类型，综合考量评委的专业性、民主性和权威性。比赛/评比的评委可以是专业人士，也可以是领导、同事、群众代表等。

要点六：设置比赛/评比的环节，可以创新设置多个环节、多种比赛/评比方式，如设置初赛（海选，用笔试考查基本能力）、复赛（淘汰赛，考查专业能力）、决赛（选拔赛，考查临场反应能力）等环节。

要点七：完善比赛/评比的奖品设置，注意，奖品应尽量与主题契合，例如，设置运动类比赛的奖品为运动器材。此外，物质奖励与精神奖励可以同时设置，互为补充，如果条件允许，最好为所有参与者发放纪念品。

要点八：做好比赛/评比保障，包括及时维护秩序、合理调动气氛（安排暖场节目、助威啦啦队等）、做好安全保障及医疗救助预案等。

要点九：比赛/评比结束后，扩大比赛/评比影响，例如，通过召开经验交流会、表彰会,鼓励相互学习、相互促进;通过联系媒体报道,做好宣传工作,建立并完善长效机制。

比赛/评比类考题的作答思路如图 4.4 所示。

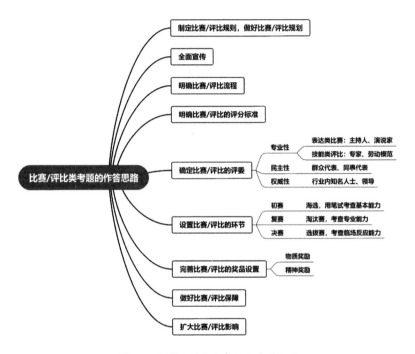

图 4.4 比赛/评比类考题的作答思路

> **实例**
>
> 你所在的单位计划组织一个业务技能比赛,提高工作人员的业务水平、服务能力,但窗口工作人员的业务异常繁忙,很可能没有时间参加比赛。如果领导将组织该比赛的任务交给你,你会如何组织?

第 4 章 | 详解题型之组织管理题

> 💡 **作答思路**

题目要求考生作为负责人，组织一个业务技能比赛。因为题目设置了一个窗口工作人员很可能没有时间参赛的障碍，所以考生需要在思考如何组织业务技能比赛的同时，解决相关人员参赛时间有限的问题。

具体逻辑：前期准备→组织比赛→总结反思。

> 📋 **作答范例**

组织业务技能比赛，能够显著提高工作人员的服务能力、服务效率，推动服务型政府的建设。综合考虑窗口工作人员参赛时间有限的情况，我认为，可以从以下几个方面入手开展比赛的组织工作。

第一，进行前期准备。

首先，做好比赛规则的制定及比赛内容的设置；其次，全面了解同事们的工作时间、空闲时间，以及同事们的想法，重点关注窗口工作人员的时间安排；最后，综合所有同事的时间安排，找到最优解，确定比赛时间、地点、形式等，并确保通知到每一位同事。

第二，组织完成比赛。

设置初赛、决赛两个赛段。在初赛阶段，充分利用同事们日常工作的间隙，分模块比赛。初赛赛程设置为 4 天，每天占用 30 分钟，主要考查同事们的业务规则记忆情况、办公技能掌握情况、服务礼仪应用情况，以及相关政策理解情况。4 天后，合并成绩，总成绩排名前十的参赛选手进入决赛。决赛安排在周六上午进行，主要考查参赛者的工作能力（针对重点、难点工作）、反应能力（针对突发事件），以及沟通、协调能力（针对工作中的沟通问题），决赛选出综合成绩排名前三的同事进行表彰，由单位领导颁奖。

第三，做好总结反思工作。

一方面，对优胜者进行表彰、奖励、宣传，在单位内树立业务标杆；另一方面，针对同事们在此次业务技能比赛中暴露的问题，组织线上培训，及时弥补工作漏洞，全面提高服务能力。

4.6 接待/考查类考题

接待/考查工作的流程并不是一成不变的。此类工作的核心目标是确保各环节流畅推进、所有突发事件均被及时处理，因此，考生需要根据实际情况，灵活应对各种突发事件，把握关键要素，有序推进工作。

接待/考查类考题的作答重点是做好接待/考查的前期准备、合理推进接待/考查的流程、关注接待/考查的反馈信息。

首先，做好接待/考查的前期准备。接待/考查前，需要充分了解接待/考查的目的及相关信息，例如，及时与对方的负责人进行沟通，对接工作内容，包括考查目的、考查重点、路线规划、行程安排等；根据对方的需求，妥善准备工作材料，包括工作总结、工作实例、工作问题等。

其次，合理推进接待/考查的流程。确保接待/考查能顺利进行，如安排工作访谈、展示工作成果、组织参观学习；同时，确保交通的便利性和食宿的合理性，关注少数民族的餐饮习俗。

最后，关注接待/考查的反馈信息。及时获取/整理反馈意见、及时沟通与交流，做好整理资料、扩大影响力、落实整改措施等后续工作。

注意，在接待/考查的过程中与对方保持密切的联系，及时沟通、交流，是确保工作卓有成效的重要环节，因为只有能够根据实际情况灵活应对各种突发事件、准确把握关键要素、做好工作推进，才能取得理想的接待/考查效果。

接待/考查类考题的作答思路如图 4.5 所示。

图 4.5　接待/考查类考题的作答思路

实例

上级部门的考查人员来你所在的单位进行考查，领导让你负责接待工作，你会如何进行接待？

作答思路

题目要求考生作为接待负责人，接待上级部门的考查人员。针对这一任务，考生需要从工作、生活两方面入手进行考虑，确保接待工作完成得周全、妥当。

具体逻辑：前期准备→协助考查→关注反馈。

作答范例

面对接待上级部门的考查人员的工作,我会确保领导的指示得到准确执行,并尽力提供最佳的接待方案和日程安排。

首先,我会提前了解上级部门的考查人员的需求和期望,以便为他们提供周全的服务。比如,我会提前组织专门的接待小组,负责迎接上级部门的考查人员并提供全程陪同;又如,我会提前协调各部门,确保所有部门均了解考查内容和考查时间安排,可以随时提供必要的支持和配合;再如,我会提前了解考查期间的天气情况、交通情况,做好预案,安排好食宿,并与领导保持密切沟通,及时汇报考查进度和考查情况。总之,我会努力让上级部门的考查人员感受到本单位的热情和诚意,并充分展示本单位的工作成果和实力。

其次,我会协助上级部门的考查人员完成考查工作。比如,在考查期间,督促各部门提供相关信息、资料,包括工作报告、业绩情况、发展规划等,以便上级部门的考查人员充分了解本单位的工作成果和发展计划;又如,我会按上级部门的考查人员的考查要求,提前规划考查路线,陪同考查各部门、实验室、生产线等,以便上级部门的考查人员全面了解本单位的工作内容和工作情况;再如,我会配合上级部门的考查人员召开座谈会,与本单位人员进行沟通、交流,并及时针对上级部门的考查人员发现的问题进行解答,同时重点介绍本单位的优势项目、特色项目,以便上级部门的考查人员更好地了解本单位的工作创新情况。

最后，考查结束后，我会积极与上级部门的对接人进行沟通，及时了解反馈信息、补充报送相关材料，确保考查工作卓有成效。

4.7 整改/整治类考题

近年来，整改/整治类考题的出现频率较高，因为相关工作是各级政府的常规工作、重要工作。应对整改/整治类考题，考生需要有较强的实践能力。实际工作中，考生可通过加强训练、深入理解和把握答题技巧，提高作答能力。

整改/整治类考题的常见设问形式包括"摊贩随意占道摆摊，你有什么整改/整治方案？""针对售卖盗版光盘的行为，进行专项整治时要注意哪些要点？""针对××问题，你的整改方案是什么？""你会如何策划××整改/整治活动？"等，作答时，考生需要答出以下要点内容。

要点一：做好方案部署工作。其一，全面摸底、了解情况，确定整改/整治的范围和重点问题；其二，针对整改/整治工作，进行合理分工，确保责任落实到人。

要点二：做好宣传动员工作。多渠道宣传整改/整治活动，开通举报热线，鼓励群众积极参与。

要点三：推进整改/整治活动。一方面，对内进行自查自纠，推动内部整治，肃清违规行为；另一方面，对外进行集中整治，使用拉网式排查和明察暗访结合的方法，全面查处违规行为。

要点四：做好处理、问责工作。发现违规行为，要及时处理，并对相关责任人进行问责。

要点五：巩固整改/整治成果。整改/整治活动结束后，趁热打铁地宣传相关政策，并加强长期监管，开通监督热线，建立奖励机制，鼓励群众举报违规行为。

整改/整治类考题的作答思路如图4.6所示。

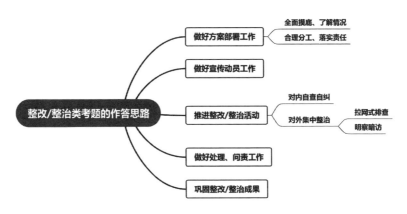

图 4.6　整改/整治类考题的作答思路

> **实例**
>
> 你所在的单位计划进行安全生产整治，整治对象以手工店铺为主，你认为应该如何组织这次整治行动？

作答思路

此次整治行动针对的是手工店铺，因此，提前对辖区内的手工店铺进行了解、统计是工作的重中之重，以便根据各手工店铺的特点，合理安排整治行动。作答时，建议考生对消防、用电等整治要点进行强调，并合理使用集中检查和暗查两种方式。

具体逻辑：前期准备→全面检查→组织整改→巩固成果。

作答范例

安全生产重于泰山，若我负责组织此次整治行动，我将重点关注以下几项工作，确保整治行动卓有成效。

首先，做好前期准备工作。一方面，提前对辖区内的手工店铺进行了解、记录，确定各手工店铺的经营类型和位置，做好前期统计，整理出具体名单；另一方面，根据此次整治行动的检查内容、整治重点，做好检查计划和整治安排。

其次，落实全面检查工作。一方面，安排集中检查，根据店铺分布情况，带领相关人员进行集中走访、检查，重点对手工店铺的防火设施、安全生产设施，以及用电设施进行检查，查看各设施的规格是否符合标准，此外，特别关注灭火器、烟雾报警器等设施能否正常使用；另一方面，安排暗访、抽查，带领相关人员用暗访、抽查的方式进行深入检查，了解目标手工店铺日常运营时的操作流程和生产环境，做好照片、录像等证据的收集工作。

再次，组织整改、优化。一方面，及时指出不合格的手工店铺存在的安全问题，下发安全生产整改通知书，要求相关店铺按期整改，并对存在严重问题的店铺进行停业整顿处理；另一方面，力促安全生产相关知识的普及，向店主列举违规生产的实例，进行警示，并宣讲安全生产的重要性和安全生产的相关条例，增强店主的安全生产意识，敦促店主尽快完善安全生产设施。

最后，巩固成果，建立长效机制。一方面，加强安全生产宣传，通过张贴海报、发放传单、组织安全生产宣讲会等方式，增强店主的安全生产意识；另一方面，落实月度或季度安全检查，保证店铺的防火、用电等设施完备，生产合规。

4.8 组织管理题综合练习

【实例】

暴雨连袭致南方多地出现洪涝灾情，为援助受灾群众，你所在的单位计划组织一次捐赠活动，若领导将组织工作交给你负责，你会如何组织？

作答思路

这是一道组织管理题。捐赠活动是非常规活动之一，因此，应对这道题，有相关知识的积累很重要。捐赠之前，应当对灾区需要的物资进行基本了解，并整理接受捐赠的部门、机构的名单。在单位内组织捐款、捐物等捐赠活动后，应及时邮寄捐赠物、转出捐赠款，并进行捐赠公示。

具体逻辑：了解需求→宣传动员→组织捐赠→捐赠对接与公示。

作答范例

秉持"一方有难，八方支援"的精神，我将全力以赴地认真完成此次捐赠组织工作，为灾区贡献一份力量。具体而言，我将重点关注以下几项工作，确保将捐赠活动落到实处。

首先,做好需求了解工作。主动联系受灾地区的相关部门或公益机构,了解灾区的实际情况,确定灾区需要的物资。根据灾区的实际需求,列出详细的捐赠清单,比如水泵、皮划艇、日用品。

其次,做好宣传动员工作。一方面,召开动员会议,请领导发表讲话,介绍灾区情况,调动同事们的捐赠热情;另一方面,播放灾区照片、视频,以及物资需求清单、动员书,供同事们选择捐赠方式并准备捐赠物品。

再次,组织集中捐赠。一方面,组织现场捐款,中高层领导带头,所有同事根据实际情况完成捐款,组织者对捐款情况进行登记、统计,确保资金明细清晰无误;另一方面,组织捐赠物资的采购,确保对应灾区当前的需求。

最后,做好捐赠对接与公示工作。一方面,与接收捐赠物资的部门、机构保持联系,明确捐赠方式,通过集中邮寄、集中打款,确保捐赠物资、资金及时送达灾区;另一方面,对捐款情况和采购情况进行公示,接受大家的监督,确保资金的使用透明、合规,让同事们的爱心真正抵达灾区!

实例

为优化服务,你所在的单位计划开展一次群众满意度调研,若领导将该工作交给你负责,你会如何组织此次调研活动?

作答思路

这是一道组织管理题，题目要求明确——调研群众满意度。考生作答时，可以通过丰富调研形式和调研主体，提高作答水平。调研方式可涵盖线上调研、线下调研，调研主体可包括网民、办事群众、企业等。

具体逻辑：前期准备→开展调研（线上＋线下）→总结报告。

作答范例

做好群众满意度调研，能够帮助我们找到工作中的问题，进而优化工作方式、方法。具体而言，我将重点关注以下事项，确保将调研工作落到实处。

第一，做好前期准备工作。

一方面，询问领导，了解领导对调研工作的指示、要求，听取领导针对调研重点提出的建议；另一方面，设计调研问卷，并准备电脑、录音笔等相关调研工具，完成人员组队。

第二，开展调研（线上＋线下）。

可选调研渠道包括线上渠道与线下渠道。

线上渠道调研，比如，在官网、官方微信公众号上设置专门页面，邀请群众填写调研问卷，了解群众对本单位近期服务工作的满意度；又如，及时查看反馈邮箱，以及其他线上投诉、反馈渠道，了解群众的心声；再如，积极拨打回访电话，了解群众投诉的问题是否得到了解决，接受可行性建议。

线下渠道调研，一方面，在服务大厅随机寻找办事群众，了解在问题处理过程中，工作人员是否做到了首问负责和一次性告知，并询问办事群众有没有在办事前了解过办事流程、工作人员的态度有哪些不足、工作人员的业务是否熟练、服务有哪些需要改进的地方等，切实了解群众的真实体验和感受，收集相关建议；另一方面，深入社区、产业园区，了解社区居民、企业工作人员对本单位工作情况的反馈和建议。

第三，做好调研总结，提出意见、建议。

一方面，对此次调研的结果进行整理、总结，分交通、医疗、教育等多个板块，形成调研报告；另一方面，综合实际问题、群众反馈，以及专家建议，形成具有可行性的处理方案，提交给领导，请领导审阅。

实例

如今，很多单位开通了官方微信公众号，但是关注度不高，宣传效果堪忧。你所在的单位也打算开通官方微信公众号，若领导将该工作交给你负责，你会怎么做？

作答思路

这是一道组织管理题。题目的核心任务是开通（并运营）一个官方微信公众号，在此过程中，有需要特别关注、解决的问题——一个是官方微信公众号关注度不高的问题，另一个是官方微信公众号宣传效果堪忧的问题。在作答过程中，考生需要针对这两个问题提出解决建议。

具体逻辑：前期准备和调研→开通并宣传→长效运营。

作答范例

开通官方微信公众号有助于提高本单位的服务质量，方便群众了解最新信息。具体而言，我将重点关注以下事项，确保将开通、运营官方微信公众号的工作落到实处。

第一，做好充分的前期准备和调研工作。

一方面，调研兄弟单位的官方微信公众号运营的问题，探究其关注度不高、宣传效果堪忧的原因，并寻找优秀的官方微信公众号，学习其运营经验及技巧；另一方面，广泛了解官方微信公众号的运营技巧，做好官方微信公众号的运营模式总结。

第二，开通官方微信公众号并进行初步宣传。

丰富业务模块，开通官方微信公众号，并让官方微信公众号发挥作用。比如，围绕本单位业务，对接政务平台，将单位业务的处理入口设置在官方微信公众号上，并总结群众日常事务办理中的常见困难及对应的解决方法，制作专栏，方便群众查阅；又如，精简、优化线上审批流程，提高办事效率；再如，开设互动板块，及时听取群众意见，动态优化官方微信公众号的功能，确保官方微信公众号能够起到辅助办理业务的作用。

加大对官方微信公众号的宣传。一方面，在本单位的官网及与本单位有业务关联的兄弟单位的官网上进行宣传；另一方面，在社区、政务大厅等地，通过人工宣传、张贴海报等方式，提高群众对官方微信公众号的关注度。

第三，做好长效运营，提高服务质量。

开通官方微信公众号后，及时将运营情况上报领导。随后，持续学习公众号的运营知识、不断听取群众的反馈，以便提高公众号运营能力，努力完善公众号功能，真正发挥官方微信公众号的作用。

实例

某地老城区的居民楼年久失修，很多电灯不亮了，你所在的单位计划免费为其安装节能电灯，若领导将该工作交给你负责，你会怎么做？

作答思路

这是一道组织管理题，题目的核心任务是在老城区推进节能电灯的安装工作。题目没有设置特殊矛盾，因此，考生可以按照正常程序进行工作推进——前期，调研、宣传；中期，安装、调试；后期，持续维护。

具体逻辑：前期准备→中期安装→后期维护。

作答范例

为老城区居民楼免费安装节能电灯，能够提高老城区居民的生活质量，是备受欢迎的事情。具体而言，我将重点关注以下几项工作，确保将此惠民措施落到实处。

第一，做好前期准备工作。一方面，认真收集老城区需要更换的电灯的数量、规格等信息，做好预算工作；另一方面，通过招标,聘请专业的安装团队和技术人员、购买足够的节能电灯泡及安装工具,做好施工准备。

第二,做好中期安装工作。一方面,做好宣传,向相关居民说明此次施工的目的,强调"免费安装"等相关信息,避免居民产生误会,或被不法人员钻空子,进行收费欺诈,与此同时,联系街道、社区等相关单位,做好节能电灯安装工作的通知和安排,提高安装效率;另一方面,按计划做好节能电灯的更换、电路的维修、电灯开关的维护等工作,为避免对居民的正常生活产生影响,应尽量选择在工作日进行安装施工。

第三,做好后期维护工作。一方面,联系街道、社区等相关单位,做好工作分工,明确划分相关设施的维护范围,避免出现安装节能电灯后无人管理、保养、维修的情况;另一方面,将安装工作的情况和维护工作的安排详细汇报给领导。

Chapter 05
第5章
详解题型之应急应变题

结构化面试中,与日常工作紧密相关的题,除了组织管理题,还有应急应变题。应急应变题通常围绕日常工作展开,询问考生面对目标情境时"如何应对""如何解决""如何处理"……旨在考查考生面对日常工作中的突发问题时的反应能力、处理能力的题,统称为应急应变题。

5.1 概览应急应变题

为了更准确地评估考生的能力,目前的结构化面试中,过于简单的、可依据规章制度用常规方法处理的应急应变题的出现频率非常低,考查重点已转向考查考生对突发的、紧急的问题进行处理的能力。本章,我们详细了解如今的结构化面试常考的应急应变题。

5.1.1 应急应变题的出题方向

应急应变题中的事件主要为一般突发事件、特殊场景突发事件、公共突发事件,题目通常会设置一些问题解决障碍,要求考生在有限的时间内迅速给出正确反应,并合理安排解决问题的顺序。

应急应变题涉及的场景复杂多变,使用固定的模式、模板、流程进行作答,往往难以触及问题的核心、难以在面试中脱颖而出。接下来,我们探讨应该如何应对应急应变题。

5.1.2 应急应变题的破题思路

前文提及,应急应变题中的事件主要为一般突发事件、特殊场景突发事件、公共突发事件,针对这3类突发事件的考题,破题思路可分别详解如下。

1. 一般突发事件类考题的破题思路

一般突发事件类考题往往会在明确事件场景的同时设置一个或多个矛盾点,要求考生有序处理各矛盾。在处理各矛盾的过程中,考生需要根据矛盾的轻重缓急,合理安排处理顺序。

目前的结构化面试中的一般突发事件类考题的特点主要如下。

特点一:场景多元化。

事件场景不局限于传统的办公场景,可能涉及生活中的各种场景。考生需要根据题目给出的身份定位,结合实际情况进行灵活处理,避免思维僵化。

特点二:矛盾多样化。

事件不再多为只有单一矛盾的简单事件,而是越来越多地设置为含有多个矛盾的复杂事件。作答时,考生不仅需要全面识别各矛盾点,还需要厘清各矛盾点之间的逻辑关系,合理安排处理矛盾的先后顺序。

> **实例**
>
> 你将作为主讲人在表彰大会上发表讲话,但大会开始前,你不慎将咖啡洒在了自己的白衬衣上,污渍面积很大,无法立即清洗,且你没有备用的衬衣可穿。面对此情此景,你会怎么做?

2. 特殊场景突发事件类考题的破题思路

特殊场景突发事件类考题是一般突发事件类考题的升级版,作答难度更大。所谓"特殊场景",主要指涉及群众、媒体的应急应变场景,例如,群众投诉场景、公共场所的冲突场景、网络舆情(谣言)发酵场景。

与一般突发事件类考题相比,特殊场景突发事件类考题的作答更具规律性,有一些作答技巧。

> **实例**
>
> 部分居民反映居住地附近的化工厂经常违规排放废水,导致河流污染,严重影响日常生活。在反映问题的同时,有居民在互联网上大肆传播相关言论,网络舆情越来越严重。若领导让你负责此事的处理工作,你会如何处理?

3. 公共突发事件类考题的破题思路

公共突发事件类考题多涉及自然灾害、公共卫生事故、矿难、车祸、爆炸、火灾等重大事件,相关场景极可能威胁大量群众的生命财产安全,并引发社会的广泛关注和议论。

公共突发事件类考题旨在考查考生能否在非正常情境、突发情境、困难情境中作出迅速反应,找到解决问题的有效方法。虽然公共突发事件类考题的涉及范围较广,但其在近年来的结构化面试中出现的频率并不高,考生进行基本了解即可。

> **实例**
>
> 你所在的村委会突然接到上级通知,说洪水即将来临,需要组织群众撤离。若领导将组织撤离工作交给你负责,你会如何组织?

面对应急应变题,需要特别注意以下3点。

第一,明确自己的身份。

生活中,身份是自己给的;面试中,身份是题目给的。面对应急应变题,必须准确把握自己的身份,明确不同身份拥有的不同权限和可采取的不同行动,做到灵活应对各种情况。

第二,抓主要矛盾和矛盾的主要方面。

在题目中有多个矛盾点的情况下,作答时一定要从全局出发,抓主要矛盾和矛盾的主要方面,避免不必要的时间浪费和精力浪费。

第三,合理假设。

虽然应急应变题大多会设置多个矛盾点考验考生,但往往会为考生留一些操作空间,例如,题目点明有两件紧急事务需要处理,可并未要求两件紧急事务必须都由考生亲自处理,在这种情况下,考生可以进行合理假设,通过妥当协调,将紧急事务之一安排给他人处理。

处理矛盾是应急应变题的作答核心,而识别矛盾是处理矛盾的前提与关键。识别矛盾后,应有序地进行处理,可参考的排序原则如下。

原则一:先重后轻。根据矛盾的严重性进行排序,优先处理主要矛盾。

原则二：先急后缓。根据矛盾的紧急程度进行排序，优先处理紧急矛盾。

原则三：先公后私。公事与私事均需要处理时，先处理公事，再处理私事。

5.2 一般突发事件类考题

一般突发事件可能仅有单一矛盾，也可能内含多个矛盾。矛盾数量不同，具体的作答重点是有差异的，但思考逻辑基本相同，即先审视角色定位，再分析矛盾内容，最后厘清思路，进行作答。

作答的逻辑顺序为"明确表态→处理矛盾→总结反思"，接下来对"明确表态"及"处理矛盾"进行详细讲解。

5.2.1 明确表态

表态，可以从目的/意义、态度/原则、身份/职责、处理方法等角度入手展开（同样适用于其他类型的应急应变题），具体如下。

角度一：目的/意义。开篇阐述妥善处理相关矛盾的目的/积极意义。

角度二：态度/原则。明确面对相关矛盾时应秉持何种态度、坚持何种原则。

角度三：身份/职责。根据题目给予的身份，在职责、权限范围内进行表态。

角度四：处理方法。阐述自己针对相关矛盾的处理思路和具体处理办法。

5.2.2 处理矛盾

处理矛盾,需要遵循先重后轻、先急后缓、先公后私的排序原则,并进行合理假设,提高矛盾处理效率。

处理矛盾的可参考思路如下。

针对单一矛盾,应重点进行假设分析:①是否存在此矛盾;②产生此矛盾的原因是什么;③矛盾的严重程度如何。针对原因和程度进行假设分析是最常见的矛盾处理思路。

针对多个矛盾,应重点进行排序处理:①分析多个矛盾的轻重缓急程度;②根据矛盾的紧急程度进行排序处理;③根据矛盾的严重程度进行排序处理。

> **实例**
> 领导派你去兄弟单位对接工作,你到达后才发现对接人不在,而其他人都非常忙碌。面对这种情况,你会怎么做?

作答思路

题目点明了考生需要完成的任务是对接工作,但对接人不在,考生需要直面无法正常对接的问题。想解决问题,考生需要进行合理假设——对接人很快就会回来、对接人一会儿才能回来、对接人近期不回来,并针对不同的情况,给出处理方案。作答时,考生需要关注题目中"其他人都非常忙碌"这一情境细节,解决问题时尽量不打扰其他人。

进行合理假设,有利于正确处理题目中的矛盾。

> 📖 作答范例

　　对接工作是我的工作职责，因此，我会积极地联系对接人，尽量在规定的时间内完成工作对接。联系对接人前，我会礼貌地向在场的工作人员询问对接人的去向，询问时会注意不影响对方的正常工作。

　　联系到对接人后，我会根据对接人的实际情况决定我的下一步举动。

　　如果对接人很快就会回来，我会耐心等待，并整理手中需要对接的材料、梳理需要对接的工作，以便在对接人回来后快速完成工作对接，节省双方的时间。

　　如果对接人一会儿会才能回来，我会根据实际情况决定是在兄弟单位等待还是先回自己的单位处理其他事务，避免因为等待耽误其他工作。

　　如果对接人由于出差等原因近期不回来，为了不耽误工作的正常推进，我会向对接人询问是否能够与其他人对接相关工作。若能更换对接人，我会更为详细地向新对接人介绍相关文件、工作的情况，确保对接无误，随后及时返回单位向领导汇报，说明对接情况，等待领导的后续工作安排。

　　吃一堑，长一智。完成此次工作任务后，再接到类似的工作任务，我会在出发前往兄弟单位之前就联系好对接人，确保对接工作顺利进行，并准备好应急方案，避免因为遇到突发情况导致工作难以推进。

5.3 特殊场景突发事件类考题

特殊场景突发事件类考题涉及的情况比较特殊，具体的作题内容会有一定的独特性，不过，思考逻辑与面对一般突发事件类考题的思考逻辑基本相同，即先审视角色定位，再分析矛盾内容，最后厘清思路，进行作答。

特殊场景突发事件类考题的作答顺序如下。

首先，及时回应舆情，包括否认、承认、道歉等。

其次，进行深入调查、了解。

再次，根据调查、了解结果，进行分类处理。

最后，惩前毖后，确保类似问题不再出现。

实例

某工作人员受负面情绪影响，和办事群众起了口舌冲突，引来众多群众围观。若你是该工作人员的主管领导，你会如何处理此事？

作答思路

这是一道针对特定场景的应急应变题。考生需要重点解决的问题是冲突问题，此外，还有围观问题。作答时，考生可以先假设冲突原因，针对原因解决冲突问题和围观问题，并推动办理相关群众的业务，再做好处罚工作和反思工作。

具体逻辑：明确静态→处理矛盾→总结反思。

> **作答范例**

作为事件中的工作人员的主管领导,面对此事,我将进行如下处理。

第一,维护秩序。首先,我会表明身份,分开冲突双方,明确表示我会负责妥善处理此次冲突,争取事件中的群众的信任;其次,我会邀请事件中的群众前往休息室进行短暂休息,稳定其情绪,并向其了解事件情况;与此同时,我会安排工作人员疏散围观群众,向大家说明情况并表达歉意;最后,我会确保现场业务办理流程回归正常。

第二,严肃批评事件中的工作人员。了解事件情况后,我会对事件中的工作人员进行严肃批评,明确指出带着负面情绪工作是不应该的,因为这种行为不仅违背我们的工作原则和服务精神,还会给群众带去困扰,损害政府形象,甚至引发社会舆论。严肃批评事件中的工作人员后,我会要求该工作人员向事件中的群众道歉,争取谅解。

第三,为事件中的群众办理业务。在事件中的工作人员诚挚道歉后,我会再次向事件中的群众表达歉意,同时,积极帮助事件中的群众办理业务,耐心、友好,直至完成业务办理。

第四,作出处理决定并总结、反思。针对此次事件,我会在单位内部对事件中的工作人员进行通报批评,并对其进行惩罚。随后,我会加强对所有工作人员的培训,重点提高他们的业务能力,改善他们的服务态度,例如,通过组织红色学习、业务培训等活动，提高工作人员的服务意识、工作质量，确保工作人员能够真正地为群众做好事、办实事，解决群众的实际问题。

5.4 公共突发事件类考题

公共突发事件，通常由人为事故、自然灾害引发。

处理公共突发事件的首要原则是以救援为先。针对公共突发事件的特殊性，考生需要特别关注以下几点。

第一，及时寻求帮助。遇到无法独立解决的重大问题时，应该立即请求协助，以免情况进一步恶化。

第二，全面、周到地考虑问题。面对人为事故，应将关注重点放在查找事故原因上；面对自然灾害，应将关注重点放在推动灾后重建上。

面对公共突发事件类考题，具体的可参考作答思路如下。

首先，多方联系、报告，并迅速奔赴现场。

其次，统筹协调现场情况。

最后，做好情况通报工作及善后工作。

> **实例**
> 你所在的村委会突然接到上级通知，说洪水即将来临，需要组织群众撤离。若领导将组织撤离工作交给你负责，你会如何组织？

作答范例

组织群众在洪水来临前撤离，是与群众的生命财产安全密切相关的重要工作。面对这一工作任务，我会重点关注以下事项。

首先，确认洪水的预计到达时间和影响范围，明确撤离时间和撤离目的地后，使用广播、微信等工具，快速、准确地传达预警信息和上级的撤离指示，并亲自上门通知信息不畅、行动不便的老人、残疾人，确保每位村民都知晓情况。

其次，与村委、党员、志愿者一起，根据撤离方案进行分工合作——部分人负责逐户动员、帮助村民，确保不漏一人；部分人负责准备应急物资，如食物、纯净水、急救药品；部分人负责安排车辆、组织撤离，确保撤离有序、高效。撤离时，我会重点关注老、弱、病、残、孕等弱势群体的需求，与志愿者一起帮助他们撤离。如有无法自行撤离的村民，我会请求应急部门及时支援，调配救援车辆和人员，同时动员村民互帮互助。撤离过程中，我会与上级部门保持密切联系，随时报告撤离进度和突发情况，以便得到及时的指导和支援。

最后，在确保所有村民安全撤离后，组织工作人员对村里的关键设施进行保护，例如，关闭水闸、电源。完成所有工作后，与工作人员一起尽快撤离。

通过这样的安排，我相信能够迅速、高效地完成所有人员的安全撤离，最大程度地保障群众的生命财产安全。完成撤离后，我会持续关注洪水情况，以及灾后恢复工作，积极配合上级部门开展灾后重建，尽快恢复正常的生产生活秩序。

5.5 应急应变题综合练习

【实例】

在领导的安排下,你负责主持某工作会议。会议期间,有两位同事针对某个问题有不同意见,争执不休,导致会议陷入僵局。面对这种情况,你会怎么做?

作答思路

这是一道应急应变题,题目给定的身份是会议主持人。面对该情境,至少需要解决两个问题,其一,解决同事争论不休的问题,其二,解决会议陷入僵局的问题,稳定现场秩序。

具体逻辑:稳定秩序→解决问题→总结反思。

作答范例

作为会议主持人,面对这种情况,我需要先冷静下来,再妥当解决相关问题。

第一,稳定现场秩序。

休会10分钟,请大家休息一下,同时,分别邀请争执双方进入休息室,安抚、调解,请他们注意争执行为的影响,理性思考,不要情绪失控。一方面,我会仔细询问他们的观点,做到心中有数;另一方面,我会向他们强调会场纪律,要求他们注意表达方式,避免继续争执。

第二,解决问题。

会议再次开始后，我将分不同情况对问题进行解决。

如果有争执的同事的想法其实是殊途同归的，只是具体的执行方案不一样，那么，我会让他们分别明确表达自己的想法，并组织优劣势分析，向参会人员说明不同方案的不同特色，请资深同事、领导主导进行方案对比、融合，提出最佳执行方案，解决问题。

如果有争执的同事的想法与观点南辕北辙，分歧较大，难以融合，那么，我将弱化矛盾，搁置问题，优先推进会议流程，待会议程结束后再进行讨论。会后，可以组织集体讨论，请相关人员对争执双方的观点进行投票，选择较优方案，保证公平、公正。

第三，做好工作总结与反思。

在以后的会议上，作为会议主持人，要更加关注会场秩序，控制好会议时间，确保会议流程按计划推进，提高会议质量。同时，努力提高自己的能力，包括节奏把控能力、理解能力、沟通能力，避免此类事件再次发生。

实例

领导计划将单位内其他部门的紧急工作交给你负责处理，若你并不是很了解相关工作，且本岗位有其他紧急工作需要处理，你会怎么做？

作答思路

这是一道应急应变题，作答时，一定要找准题目中的矛盾点。题目中有两个矛盾点，一个是应对领导的安排，另一个是协调处理本岗位的紧急工作和其他部门的紧急工作之间的矛盾。处理协调工作的问题，可以进行情况假设，注意，一切要以做好自己的本职工作为前提。

具体逻辑：前期准备→处理矛盾→总结反思。

作答范例

面对领导计划交派的紧急工作，我将进行如下处理。

首先，对目标工作进行充分的前期了解。

一方面，我会主动对目标工作的完成时间、具体要求进行了解，同时深入了解目标工作所属部门的相关情况，增加对目标工作的全面认知。另一方面，我会根据自身工作的情况及目标工作的特点，审慎分析是否可以接下目标工作。

其次，根据不同情况，对目标工作进行妥善处理。

如果经过分析，两项工作有关联，可以同步推进，我将努力协调资源，同步处理这两项工作——重点推进两项工作中的关联事项，确保工作质量，同时，针对两项工作中的差异事项，通过借鉴同事的经验、参考过往文件等，提高工作质量和效率，确保问题处理及时、高效。

如果经过分析，两项工作无关联但内容相对简单，我会对两项工作进行时间上的协调，提高工作效率，先易后难、适度加班，确保在规定的时间内完成这两项工作。

如果经过分析，两项工作的推进存在冲突，无法同时完成，我会及时向领导汇报情况，详细说明两项工作在内容、时间等方面的冲突，并阐述当前手中紧急工作的重要性，争取得到领导的理解。在领导同意帮忙进行工作协调后，我会将相关文件、工作日志等整理清楚，提交给领导，方便后续接手工作的同事迅速熟悉情况，提高工作效率。

最后，做好后续工作。

一方面，我会加强与领导的沟通，定期汇报工作进展和工作心得，让领导对我的工作状态和工作成果有所了解；另一方面，我会不断提高自己的工作能力和业务水平，积极向优秀的同事学习，总结工作经验及工作技巧，实现个人的快速成长。

第6章 详解题型之人际关系题

人际关系题，主要考查考生处理人际关系的能力、态度和技巧，例如，"若你与同事在工作中产生意见分歧，你会如何处理？""若你发现领导做出了错误的决定，你会采取哪些行动？"。

6.1 概览人际关系题

人际关系题，旨在考查考生通过沟通、协调，顺利推进工作的能力。近年来，人际关系题常与应急应变题结合出现。

应对人际关系题时，考生应冷静、理智、成熟，妥善解决各种人际关系问题，以维护团队和谐、顺利推进工作为目的。答题过程中，考生应重点突出自己尊重他人的态度、善于倾听的耐心，以及沟通能力。

6.1.1 人际关系题的出题方向

随着人际关系题难度的逐步提高，出题方式越来越多样化。如今的人际关系题的出题方向有以下几个特点。

（1）矛盾主体增多

过去的人际关系题通常围绕单一主体进行设置，近年来，人际关系题越来越多地涉及多人矛盾，如同时出现与领导的矛盾、与同事的矛盾、与群众的矛盾。

（2）矛盾处理难度提高

人际关系题常要求考生在人情和原则之间作出选择。面对题目中"犯错的领导""难相处的同事""不懂事的朋友"等主体时，考生应该在坚持原则的基础上体现真实情感，直面矛盾、灵活应对各种情况，以解决问题。

（3）题型设置复合化

单纯的人际关系题的出现频率逐渐降低，如今的人际关系题通常与组织管理题、应急应变题结合出现，要求考生与多主体进行沟通，对考生的表达能力和现场交流能力提出了更高的要求。

（4）考查方式多样化

有些考生认为，人际关系题一定与"我"有关，题目中一定有矛盾点、冲突点。然而，事实并非如此，有些人际关系题是与"我"无关的，着眼点是开导、劝说他人以解决问题。因此，考生需要跳出思维定式，随机应变。

6.1.2 人际关系题的破题思路

鉴于人际关系题出题角度的日益多元化和题目中矛盾的日益复杂化，考生作答前必须仔细审题，明确矛盾点及需要解决的问题。在人际关系题的作答过程中，考生应遵循以下3个原则。

（1）以推进工作为导向

处理人际关系的目的是让工作顺利开展。因此，面对人际关系题，考生应该优先关注核心矛盾，确定如何采取实际行动，达到高效推进工作的目的。

（2）保持积极的心态

人际关系题中，可能会出现出错的领导、不懂事的同事，面对这些主体，考生应保持积极的心态，相信他们的所作所为是出于工作考虑，并非针对个人。

（3）合理归因

遇到问题时，考生应合理归因，不要一味归咎于自身。虽然自省是一种良好的品质，但也需要全面考虑其他可能导致矛盾出现的因素。

6.2 人际关系类考题

人际关系类考题的作答要点如下。

要点一：审清题目。

审清题目，即了解题目情境和主体，分析矛盾点、冲突点，并明确解决问题的方法。对题目有全面的了解后，考生要仔细梳理需要处理的矛盾，按照先重后轻、先急后缓、先公后私的顺序，确定处理矛盾的合理步骤。

要点二：解决具体问题。

人际关系类考题的解题思路与应急应变类考题的解题思路有相似之处，考生应合理假设矛盾出现的原因，并据此给出处理建议，进而采取恰当的行动。

要点三：惩前毖后。

妥善地解决了人际关系问题后，为了防止同类问题再次出现，需要采取一些措施——根据题目揭示的问题，进行合理的调整和改进，如提升个人认知、完善工作机制、及时给予同事关心。

> **实例**
>
> 工作中，有同事经常以各种理由推辞工作、推诿责任，如果有某项工作必须与其合作完成，你会怎样处理两人的关系？

作答思路

实例中的核心矛盾是同事推辞工作、推诿责任，面对这个问题，考生要用客观的心态去分析原因。同事为什么推辞工作、推诿责任？可能的原因有很多，可能是同事的工作态度有问题，可能是同事的工作能力有问题，也可能是同事对"我"有一些误会或者看法。只要是合理的假设，都可以用在作答中。

具体逻辑：端正心态→解决问题→吸取教训。

作答范例

同事推辞工作、推诿责任，会严重阻碍工作的正常推进。针对这一情况，我将理性地分析原因，并及时采取相应措施。具体而言，我的工作步骤如下。

首先，保持冷静，友好沟通。

我会主动与同事沟通，了解其心理状态及想法，并细心观察，听取多方意见，探寻其推辞工作、推诿责任的真实原因。

其次，根据不同原因，采取不同措施。

若同事因不认可我的工作能力而推辞工作、推诿责任，我将致力于自我提升，积极向前辈请教工作经验与工作技巧，并虚心向同事学习，倾听其建议，争取获得越来越多的同事的认可。

若问题源于同事的工作态度，如对工作不够重视，我将指出其工作态度问题，耐心向其阐明工作的重要性，强调做好本职工作对个人发展的重要性，以及作为基层干部、共产党员，坚守责任底线的重要性，引用黄文秀、谷文昌等优秀干部的事例，让对方明白认真、谦虚、精益求精的工作态度在工作中的意义，促使其转变工作态度。

若同事推辞工作、推诿责任是因为能力不足，如缺乏工作经验、不会使用工作软件，我将与其共同观看教学视频、写工作日志，了解、总结前辈的经验，同时分享我的现代工作技术应用知识，帮助同事更快地掌握工作软件的使用方法，提高工作熟练度，以承担更多工作。

最后，吸取教训，避免自己犯同样的错误。

在未来的工作中，我会不断提高自身的公共服务能力和工作质量，赢得更多同事的认可。与此同时，我会积极帮助同事、团结同事，增强集体战斗力和凝聚力。

6.3 情景模拟类考题

近年来,情景模拟类考题的出现频率稳步提高。情景模拟类考题大多由应急应变题或人际关系类考题演变而来,因此在这里进行详细讲解。面对情景模拟类考题,若准备不充分,是难以取得高分的。

情景模拟类考题着重考查考生的语言表达能力、沟通能力、说服能力,通过使用情景模拟这一考查形式,考官能更直观地了解考生的临场反应速度、人际沟通能力。

面对情景模拟类考题,考生应先识别题目中的任务和矛盾,构建基本的答题框架,再使用举例、场景描述等技巧,结合生动的语言,优化作答效果。

情景模拟类考题的作答,应凸显"交流感",即使用"有效开头——解决问题——合理结尾"这一答题框架,重点关注以下4个要点。

要点一:注意称呼、语气,尽量使用口语化称呼和生活化语气。

要点二:寒暄入题,针对矛盾,迅速切入正题。

要点三:处理矛盾时,先通过认同、夸奖、理解、致歉、感谢等方式拉近关系,再通过讲道理,分析矛盾、意义、危害、原因,最后给出建议,化解矛盾。

要点四:有效收尾,推动矛盾化解进程,展示成果。

接下来介绍具体步骤。

(1) 有效开头

考生需要迅速进入角色,根据对方的身份、年龄等,确定合适的称呼，直切主题。注意，称呼应避免过度客套，入题应迅速，直接表明身份、说明来意。

（2）解决问题

情景模拟类考题的作答重点在于妥善处理题目中的矛盾、解决问题。对于单一矛盾，重点在于劝服，使用动之以情、晓之以理、责之以法、诱之以利、给之以方等方法进行劝服；对于多种矛盾，应先识别矛盾点，再排序解决。

> **实例**
>
> 你跟小张是同期进单位工作的同事，小张家里比较富裕，吃穿用度都比较高档，因为生活条件相对出众，且性格比较内向，很多同事误以为小张傲慢、不合群，在有意无意地疏远她。感觉到大家的疏远后，小张情绪低落、工作消极，作为和小张关系不错的同事，你会怎样开导她？请现场模拟。

> **作答范例**
>
> 小张，我注意到最近你的情绪有些低落，工作不如以往积极，是不是遇到了什么问题？我猜，是不是同事们对你的误解让你有所困扰？
>
> （针对矛盾一）我了解，你性格内向，不太擅长与别人沟通，这并不意味着你傲慢或不合群。我觉得，你可以试着主动与同事们破冰、交流，让他们了解你的真实想法。
>
> （针对矛盾二）我知道，你平时穿的、用的都比较高档，这不是你的问题，但可能与同事们的消费观念相悖。我想，你可以试着与大家分享你的消费观念，让大家更了解你。

我想告诉你，无论遇到什么困难，我都会支持你、帮助你解决。希望你能按照我的建议，试着改善与同事们的关系。

（3）合理结尾

情景模拟类考题的作答，应以成功劝说、沟通为结尾，例如，获得对方的积极回应、愉快地"回归工作"。

实例

小王因工作失误被领导批评，心情低落，意志消沉。领导发现小王的状态异常后，安排你去进行沟通，你会怎么做？请现场模拟。

作答思路

这是一道情景模拟类考题，本质上说，是一道人际关系题。作答时，考生需要先找准矛盾点，解决小王的情绪低落问题，让他积极起来，再帮助小王弥补工作失误，掌握工作技巧。

因为这是一道情景模拟类考题，所以解决问题后不需要报告领导，合理、巧妙地离场即可。

具体逻辑：拉近关系→解决问题→提出对策。

作答范例

小王，在忙吗？我想跟你聊一聊。

作为你的前辈，看到你入职后稳扎稳打，工作能力稳步提高，工作效率也越来越高，我真心为你高兴。你的到来为单位、部门注入了活力，我们都非常喜欢、认可你，但是前几天，因为有工作失误而被领导批评后,你一直心情低落、消沉,工作状态变化极大,这样是不行的。我觉得,失败是成功之母,你不能因为一次失败而怀疑自己的能力,找到原因并加以改进更为重要。你看,你这两天情绪低落,导致出现了更多的工作失误,是不是陷入了恶性循环?情绪一时低落,我们可以体谅,但长时间调整不好,我就必须说你几句了,这样下去,不仅会影响你自己的工作,还会影响部门的整体工作,你要注意尽快调整情绪。

要知道,我们必须时刻保持积极、乐观的状态,用良好的心态面对工作,及时解决群众的困难,才能够真正成为称职的基层干部。

我仔细看了工作日志,找到了你工作失误的原因——你对政策的理解是不到位的,创新的工作理念难以落地,且部分细节工作没有做好。我整理了自己的政策解读笔记,供你参考。

工作中,一定要关注细节,不要在细节处失误。而且,你要记住,只有调研过,才有发言权,希望你能够和我们一起,先做好基层调研,再优化工作内容。我相信,你一定能够慢慢地减少工作失误。

小王,不要觉得领导批评你是不重视你。领导的批评,反而反映了对你的重视。你要正确看待领导的批评,牢记领导的建议,及时改正错误。我找你谈心是领导交代的,你一定要努力工作,不辜负领导的重视。

好了,我把我的笔记交给你,你看一看吧。我先忙我的工作,有问题,你可以随时找我。

6.4 人际关系题综合练习

实例

你是机关单位的工作人员,所在的单位利用周末开展环境整治活动,工作完成后,单位组织拍照,有的群众看到后说:"'拍照干部'又来了!"说完,故意往你们脚下丢了些垃圾。面对这种情况,你会怎么做?

作答思路

这是一道复合题,将人际关系类考题与应急应变题结合,考查考生的人际关系处理能力及应急应变能力。题目中,核心矛盾是群众的误解,考生必须要向群众做好解释工作,消除误解。作答时,要注意垃圾被扔到脚下这个信息点,它不仅反映了群众的情绪问题,还可能引起同事们的情绪问题。

具体逻辑:稳定情绪→解决问题→总结反思。

作答范例

面对这种情况,我们应当控制内心的委屈情绪和不满情绪,牢记自己的身份、职责与活动宗旨。具体而言,我认为可以通过做好以下几点,妥善处理相关矛盾。

首先,立刻清理垃圾并稳定群众和同事们的情绪。一方面,我会立刻清理脚边的垃圾,维护我们的活动成果,用实际行动向群众证明我们是在切实履行职责;另一方面,我会努力平复自己的情绪，并及时安抚同事们的激动情绪，防止冲突升级。在这一过程中，我认为稳定群众的情绪是重中之重，要引导他们保持理性，倾听我们的解释，避免有更过分的冲动行为。

其次，加强沟通。我会主动向群众告知我们所属的单位、行动的主题，以及环境整治的范围，明确说明拍照是为了工作留痕和工作宣传，并非形式主义。同时，我会告知群众，我们的活动会持续开展，欢迎他们监督我们的工作，让事实说话。

再次，进一步消除误会。我会主动展示整治前后的环境对比资料，包括整治前的现场照片，如卫生死角、草地垃圾，整治过程中的视频和照片，以及整治后的现场照片，让群众直观地看到我们的工作成果。若误会仍未消除，我会邀请目睹我们工作全程的群众协助解释，用来自群众的证明消除误会，获得更多信任。

最后，吸取教训并改进工作。回到单位后，我会继续安抚同事们的情绪，强调这种现象只是个别现象。与此同时，我会深入分析此事的前因后果，正视群众的不满，反思是否存在形式主义问题，及时修正。

我认为，群众的行为反映出我们的沟通工作做得不到位，导致群众的不满情绪长期存在。对此，我们应主动完善举报渠道和沟通窗口，多开展进社区活动，通过各种形式听取群众的意见，并积极解决群众的问题。

第 6 章 | 详解题型之人际关系题

> **实例**
>
> 你和一位同事共同负责一项工作的推进,在此过程中,该同事因在其他工作中出现问题、受到处分,情绪低落,开始非常消极地对待你们合作的工作。面对这种情况,你会怎么做?

作答思路

这是一道常规的人际关系类考题,题目中的矛盾非常明显——同事的情绪问题,及其消极对待合作工作的问题。按照"先情绪,后其他"的顺序,考生应该先解决同事的情绪问题,再解决同事消极对待合作工作的问题。

具体逻辑:稳定情绪→解决问题→提出建议。

作答范例

面对这种情况,我会按如下步骤进行处理。

首先,稳定同事的情绪。我会给予该同事适当的安慰,并告诉他,我充分理解他当前的低落情绪,会在合作工作时充分考虑他的情绪状态,给予适当照顾。与此同时,我会委婉地提醒该同事,面对问题,应当吸取教训,及时改正,而非任由自己受困于情绪,否则可能引发更严重的问题。

其次,动之以情。我会努力通过情感沟通引导该同事摆脱情绪困扰,比如,向他阐明此次合作工作的重要性,以及他当前的行为可能造成的负面影响;又如,对他强调当前的合作工作是单位整体工作的关键一环,是在夯实基础,领导选择我们共同负责,是对我

113

们能力的认可，只有做好此工作，我们才能赢得领导和同事们的信任，证明自己的能力；再如，明确指出，如果他消极对待合作工作，导致合作工作滞后、失误，受损的将是我们自己。

再次，以理服人。我会告知该同事单位对于该合作工作的工作进度和工作质量的要求，劝他服从安排，积极配合工作。如果该同事仍然消极对待合作工作，我将按照制度要求，如实向领导报告他近期的工作情况和工作质量，做好情况说明，请求领导关注他的情绪变化，及时帮助他调整工作状态。

最后，提出工作建议。我将根据当前的工作进度，重新制订工作计划，确保我们能够按照分工推进工作，避免影响整体工作进度。在后续的工作过程中，我将加强与该同事的沟通，及时了解他的工作进度和工作情绪，积极给予协助。

我希望通过采取以上措施，解决该同事的情绪问题，与其共同努力完成工作任务。

实例

为了接收、处理辖区居民的反馈意见，某市开通了热线电话和网络反馈渠道。近期，由于网络反馈渠道的访问量暴涨，领导计划从热线电话团队调3名业务骨干到网络反馈渠道团队。如果你是该热线电话团队的负责人，你会如何应对领导的安排，减少抽调业务骨干对热线电话团队的工作的影响？请现场模拟。

作答思路

这是一道情景模拟类考题，核心事件是从 A 部门抽调人手到 B 部门，且抽调的是业务骨干。根据题目中"减少抽调业务骨干对热线电话团队的工作的影响"这句话，考生可以获知，题目中的主要矛盾是不想下属被调走，但是领导交代的任务必须有反馈。怎么办？可以先动之以情，述说自己工作上的困难，努力让领导给予理解；再晓之以理，说明抽调业务骨干对自己部门的工作的影响巨大；最后，给出合理的对策，尽量减少业务骨干的流失。

具体逻辑：明确表态→处理矛盾→提出对策。

作答范例

领导，我知道，当前网络反馈渠道的访问量暴涨，给了同事们巨大的压力，这个时候抽调其他团队的业务骨干去帮忙，能够缓解网络反馈渠道团队的压力，解决问题，是极好的。我完全支持领导调配业务骨干的决定。

但是，领导您看，随着使用热线电话对外宣传的任务的增多，热线电话团队当前的工作任务也比较重，为了保障服务质量，我们正在推行 24 小时值班制度，即业务骨干带班，其他工作人员值班。热线电话团队的工作压力并不比网络反馈渠道团队的工作压力小，工作强度也不低，如果一下子抽调 3 名业务骨干，势必会导致其他工作人员的工作压力大增，甚至会影响热线电话工作的工作质量。

而且，近期要进行热线电话服务质量考评，如果在这个时候抽调 3 名业务骨干，难免会影响热线电话工作的工作质量和工作效率，就算提高了网络反馈渠道工作的工作效率，也是提一降一，我想，这不是您想看到的。

我有一个折中的想法，您看可行不可行？老王和小张一直是合作伙伴，两人的配合很默契——老王是业务骨干，工作处理技巧高超，熟悉规章制度，应对事情很灵活；小张是近几年的优秀新人，工作能力很强，且从事过网络工作，有相关工作经验，他们俩配合，应该能够满足支援需求，取得不错的支援效果。

在此基础上，我会安排其他业务骨干抽时间去和网络反馈渠道团队进行业务交流、经验分享，互相学习疑难问题应对技巧。这样，既能够保证热线电话团队人手充足，工作质量稳定，又能够让两个团队共同进步，两全其美，您看可不可以？

第7章 其他类型的结构化面试题

除了以上题型，各省份的公务员考试中还出现过一些其他类型的面试题。虽然这些面试题出现的频率相对较低，但考生仍需要对其有一定的了解，以免临阵慌张。接下来为考生介绍几种其他类型的结构化面试题。

7.1 自我认知类考题

自我认知类考题，设置目的是通过考生的自我介绍和阐述，考查其性格、习惯、价值观、求职动机等。自我认知类考题的作答核心在于展示"职位匹配度"，考官会根据考生的回答，判断其与其报考的岗位是否匹配。

面对自我认知类考题，考生需要在详细了解所报考的岗位的基本职责和工作内容的基础上，系统梳理自己的人生经历，总结自己胜任该岗位的理由，以便在面试中说服考官给予通过机会。

自我认知类考题通常要求考生结合岗位进行自我介绍或分享难忘的经历，考生可以提前准备相关答案，务必与所报岗位契合。

自我认知类考题的作答原则如下。

（1）避免泄露个人信息

为保证考试的公平性，考生应避免提及可能泄露身份的信息。

（2）重点强调与岗位相关的优点

作答时，考生可以重点强调自己身上与岗位相关的优点，如坚韧不拔、积极乐观，注意，这些优点应与所报岗位密切相关，并能有效促进工作的开展。

（3）适度强调某个经历或某种能力

考生可以适当引用自己的经历，结合自身感受进行作答。适度强调某个经历或某种能力是一种应试技巧。

> **实例**
> 请介绍自己做过的、让自己印象最深刻的一件事。

作答范例

我做过的让自己印象最深刻的一件事发生在我担任学生干部期间。当时，我牵头与其他支部党委一起组织了一次以"党史传承、红色精神"为主题的学习活动。此次活动是近年来党支部党员参与率最高、满意度最高的活动，活动效果饱受老师和学生好评，让我受益良多。

首先，在组织此次活动的过程中，我学习到了统筹协调的管理技巧。活动准备初期，党员参与度不高，通过深入了解，我发现党员普遍认为活动较多、时间安排不当。对此，我积极协调，优化时间安排，努力消除可参与活动的党员的顾虑。通过各方协调，我确定了合适的活动日期和接受度较高的活动组织形式，为此次活动的成功开展奠定了基础。

其次，在组织此次活动的过程中，我了解了团队分工的重要性。作为活动策划的主要负责人，我深刻地体会到了"独木难支"的现实意义。活动策划初期，我认为自己可以独立解决大部分问题，但是正式进入准备阶段，我很快感受到了自身力量的不足，于是，我及时对组织工作进行分工，请各支部党委分别主导并负责擅长的模块。通过分工协作，我们及时解决了很多问题，这让我意识到了团队合作的重要性。

最后，在组织此次活动的过程中，我积累了活动策划和执行的经验。在组织活动的过程中，整体流程的安排与把握、细节的处理与优化、参与人员心态的调整等工作，让我积累了组织活动的经验，为我后续组织更多的活动奠定了良好的基础。

此次活动的组织工作，不仅让我看到了自身的不足，还让我有了可喜的成长和进步。

7.2 演讲类考题

为了确保公考面试的公平、公正，如今，公考面试正在加大反套路、反模板力度。

组织公考面试的目的是了解考生的真实实力，选拔真正优秀的人才，而演讲类考题是考查考生真实实力的重要手段。演讲类考题不仅可以考查考生的知识储备量和临场应变能力，还可以考查考生的语言组织能力和表达能力，这与公考面试的改革方向完全一致。目前，公考面试中，演讲类考题的比例正在逐步提高，形式也越来越多样。

演讲类考题可细分为两种形式,一种是给定主题演讲,即让考生针对一个明确的主题进行演讲,例如,以奋斗为主题进行演讲;另一种是自主命题演讲,即让考生根据给定的材料(漫画或文字),先自主命题,再进行演讲。相对而言,后者对考生能力的要求更高。

演讲类考题是综合分析题的延伸和变形,答题框架依然是"提观点——重分析——抓落实"。在"提观点"环节,考生可以直接表态或引用名言,只要及时、明确地表达自己的核心观点即可。在"重分析"环节(主体部分),考生可以使用"论点+论据"的结构,进行道理论证、事例论证等,增强观点的说服力。在"抓落实"环节,考生可以围绕主题,发起号召和倡议。作答时,考生需要关注演讲状态,根据演讲内容,适时调整语速、语调和情感表达状态。

实例

老子曰:"是以圣人自知不自见,自爱不自贵。"意思是倡导大家要有自爱之心,但不过度抬高自己。请你以"自爱和自贵"为主题,发表演讲。

作答范例

尊敬的各位考官:

大家好!

今天,我分享的主题是"自爱和自贵"。

老子说过:"是以圣人自知不自见,自爱不自贵。"这句话告诉我们,真正的智者不仅要有自知之明,还要能够在自爱的同时不过度抬高自己。

自爱，不仅是对自己的疼爱和呵护，还是对自己的尊重和珍视。我们应该重视自己的身份、荣誉和尊严，不断提高自己的素质和能力，做一个有价值的人。我相信，只有真正爱自己的人，才能更好地爱他人、服务社会。

在工作中，我们应该自爱，即始终坚守自己的原则和底线，不因权势、金钱或其他诱惑放弃、轻视自己的尊严和价值。但在自爱的同时，我们要时刻保持一颗谦虚的心，不断学习和进步，不断提高自己的能力和水平，切忌自贵。只有这样，我们才能赢得他人的尊重和信任，更好地为人民服务。

生活和工作中，我们有时候会遇到一些困难和挑战，让我们感到力不从心。这些时候，我们应该怎么办呢？

首先，我们要坚定自己的信念。我们之所以能够不断攻坚克难、披荆斩棘，是因为我们有坚定的信念。无论遇到多大的困难和挫折，我们都要坚信自己能够克服它们。只有坚定信念，我们才能不断前行。

其次，我们要勇敢地面对挑战。挑战是成长的机会，只有无畏地迎接挑战，才有机会大幅度提高自己的能力和水平。因此，我们要勇敢地面对挑战，不畏难、不退缩，在挑战中成长，在成长中越来越强大。

最后，我们要感恩他人的帮助。在生活中、工作中，我们会遇到很多帮助我们的人。我们要感恩他们的帮助，珍惜彼此的友谊。与此同时，我们要学会主动帮助他人，传递温暖和爱心。

我认为，自爱不自贵是作为公务员必须具备的品质和精神。我们要时刻保持清醒的头脑，坚守自己的原则和底线，坚定信念，虚心学习，勇敢地面对挑战，只有这样，我们才能更好地为人民服务、为社会作贡献。

让我们共同努力、共同进步吧！

谢谢大家！

7.3 串词类考题

公考面试中的串词类考题综合性较强，通常要求考生通过联想，将一组看似无关的词语串联成富有意义的句子或段落。串词类考题主要考查考生的语言组织能力、思维能力和创新能力。

在串词类考题的作答过程中，考生应充分发挥自己的想象力，巧妙地串联题目给出的词语，将其编织成完整的句子或段落。串联过程中，考生需要特别关注语言的流畅性和行文的逻辑性，确保受众能够清晰、准确地明白自己的意思。

近年来，串词类考题的出现频率有逐步提高的趋势，因此，考生应予以重视。

为了更好地应对串词类考题，考生可以多加练习，不断总结答题经验，提高自己的语言组织能力和思维能力。多阅读优秀文章、多聆听优秀演讲是不错的学习方法，有助于考生接触更多的表达方式和表达思路，为自己的答案增添亮点。

面对公考面试中的串词类考题，应重点关注以下几个解题步骤。

(1) 审题

考生应仔细阅读题目,理解并分析题目给出的词语,明确各词语的含义和特点。

(2) 联想

基于对题目中各词语的理解,考生应进行充分联想,寻找各词语的内在联系。

(3) 构思

找到各词语的内在联系后,考生应即时构思富有意义的句子或段落,确保逻辑清晰、条理分明。

(4) 表达

考生需要将构思的内容用流畅的语言表达出来,注意言简意赅,同时关注语音、语调、表情等非语言要素。

> **实例**
> 合理串联"忠诚""创新""职责""担当""群众""激励"等词,表达你的一个观点,并展开论述。

作答范例

我坚信,一个优秀的个体或组织,必须忠诚于自己的信仰,以创新的思维驱动发展,牢记职责所在,勇于担当重任,心系广大群众,并以激励机制促进个体与团队的不断成长。

忠诚是每一个个体或组织都应该拥有的价值观。不管是对待工作、团队,还是对待国家,忠诚,意味着坚守初心、始终不渝。忠诚，让我们在面对困难和挑战时，能够坚定信念、不轻易动摇。

创新是推动社会进步和个体成长的关键。在快速变化的时代背景下，只有不断创新，才能跟上时代的步伐，实现可持续发展。创新，不仅体现为技术、产品的突破，还体现为思维方式和管理模式的革新。

明确职责是对每一个个体或组织的基本要求。每个人都有自己的职责和使命，不管是作为员工、领导，还是作为公民，只有认真履行自己的职责，才能赢得他人的尊重和信任，实现自身的价值。

担当体现为我们面对困难和挑战时的勇气和责任感。在关键时刻，我们应该敢于担当，勇于承担责任，这不仅是对自己能力的挑战，还是对群众利益和社会责任的直面。只有敢于担当，我们才能赢得群众的支持和信任，推动事业的发展。

群众是我们工作的出发点和落脚点。我们的一切工作都是为了满足群众的需求，提高群众的生活水平，因此，我们应当始终坚持以人民为中心的发展思想，深入了解群众的需求和期望，积极回应群众关心的问题，为群众解决实际困难。

激励是推动个人成长和团队进步的重要手段。通过制定科学合理的激励机制，我们可以激发员工的工作热情和创造力，让员工更加积极地投入工作。与此同时，善用激励，可以提高团队的凝聚力和战斗力，促进团队成员的共同成长和团队的整体进步。

综上所述，忠诚、创新、职责、担当、群众和激励是相互关联、相互促进的。必须忠诚于自己的信仰，以创新的思维驱动发展,牢记职责所在,勇于担当重任,心系广大群众,并以激励机制促进个体与团队的不断成长,才能在竞争日益激烈的社会中立于不败之地,为实现中华民族的伟大复兴贡献自己的力量。

Chapter 08
第8章
结构化面试真题演练

掌握理论知识后,切勿认为备考任务已经完成,因为高强度练习也极其重要。接下来为考生提供一系列真题及其作答思路、作答范例,以供练习。

建议各位考生练习时,针对每道真题,至少答3遍——首先,第一遍作答,答后根据作答范例对自己的答题思路和答题内容进行完善;随后,第二遍作答,查漏补缺;最后,第三遍作答,在确定覆盖所有答题要点的基础上,润色作答语言,追求最佳效果。

8.1 社会现象类考题演练

在进行社会现象类考题演练之前,重申以下答题要点。

(1)深入分析题目中的社会现象

深入分析题目中的社会现象,包括现象背景、原因、影响、解决方案等。只有全面理解社会现象,才能提出有针对性的观点、给出正确且深入的分析。

(2)注重逻辑分析

阐述观点前,应多角度审视问题;阐述观点后,应提出合理的解决方案,确保逻辑链条清晰、完整,充分展示自己的思维能力。

（3）关注语言表达

公考面试中，语言表达清晰、流畅是至关重要的。考生应在确保自己的观点明确的基础上，注意对语速、语调的控制，展现自信与从容。

（4）注意控制时间

面对社会现象类考题，务必重视对作答时间的控制。作答时间过长，可能让考官感到厌烦；作答时间过短，则显得准备得不够充分、想法不多。建议考生多加练习，合理控制作答的节奏和时长。

8.1.1 主题：新职业频增现象

实例

如今，社会上有很多新兴职业，例如，大数据分析师、茶饮师，对于这些新兴职业，你有什么看法？

作答思路

这是一道社会现象类考题。一方面，新兴职业的出现有很多积极意义，例如，增加就业岗位、满足行业发展需求；另一方面，新兴职业的出现可能会导致一些问题的出现，这些问题可能不是职业本身的问题，而是围绕着职业出现的相关问题，例如，部分人急于诟病新兴职业、新兴职业人才短缺。因此，考生可以先从意义和不足两个方面入手进行分析，再针对不足提出对策。

具体逻辑：明确观点→综合分析→提出对策。

作答范例

近年来，随着经济不断发展，行业细化，催生了众多新兴职业。对经济发展来说，这些新兴职业的出现是有积极意义的。

其一，新兴职业的出现丰富了社会职业体系。在就业压力较大的社会背景下，新兴职业的出现为年轻人提供了更多的就业机会。年轻人可以根据时代潮流、自身特长和兴趣爱好，更合理地选择适合自己的职业。

其二，新兴职业的出现满足了行业发展的需要。随着各行各业的深度发展，行业领域不断细分，对岗位的专业要求日益提高，传统人才的专业素质已无法满足部分岗位的需要，高专业度人才供不应求。新兴职业的出现，正好对应行业深化发展对高专业度人才的需求。

然而，新兴职业的出现，也带来了一系列问题。

一方面，社会对新兴职业的认可度不高。部分新兴职业出现的时间较短，社会对其缺乏客观认识。在职业发展前景、上升空间、稳定性等均不明确的情况下，新兴职业难以被大众普遍接受。

另一方面，新兴职业的保障体系尚不完善。相较于传统的、成熟的职业，新兴职业在社会保障、配套制度等方面存在明显的不足，这导致新兴职业从业者的权利没有足够的保障，问题频发。

为了让新兴职业得到长远发展，我认为，我们需要从以下几个方面着手进行努力。

首先，完善相关制度。相关部门应通过完善管理制度、制定配套的法律法规等方式，为新兴职业的发展提供制度保障。

其次，助力行业发展。相关部门应加强对企业的监督，确保新兴职业需要的社会保障得到完善。此外，相关部门可以通过增加职业资格认证环节，帮助新兴职业建立完善的职业体系，优化人才配置。

最后，提高社会认可度。主流媒体应加强对新兴职业的解读和宣传，向公众普及新兴职业的特点、前景等，增加公众对新兴职业的认知。同时，各教育机构可以增设相关课程，培养学生对新兴职业的兴趣。

通过采取以上措施，我相信新兴职业能够得到更好的发展，为经济的腾飞、社会的持续进步贡献力量。

8.1.2 主题：互联网订餐热现象

实例

随着互联网的普及，网络订餐平台爆发式发展，互联网订餐模式已成为一种非常火爆的、受欢迎的订餐模式。对于互联网订餐热现象，你有什么看法？

作答思路

这是一道社会现象类考题。互联网订餐，对如今的大部分年轻人来说是习以为常的事，能够切实给生活带来便利。因此，作答时，可以优先分析积极意义，例如，方便生活、增加就业、促进经济发展，随后说说美中不足，比如可能存在的问题，包括食品安全问题、对个人饮食习惯的不良影响等,最后提出对策。

具体逻辑:明确观点→综合分析→提出对策。

作答范例

订餐热现象,体现着互联网带给我们的便利,具有诸多深远的意义。

其一,互联网订餐满足了快节奏生活的需求。当前,工作压力和生活压力都很大,为了满足人们的需求,外卖等服务应运而生,为大众提供了极大的便利,有助于提高大众的生活效率。

其二,互联网订餐提供了更多的就业机会,促进了经济发展。不管是配送人员、快递小哥,还是商家,他们的出现,都说明相关行业的就业岗位有所增多,满足了部分群体的就业需求,促进了经济发展。

与此同时,我们应该正视订餐热现象背后存在的问题。

比如,食品安全问题频发。部分商家卫生不达标、操作不规范,甚至使用不符合卫生标准的、已变质的食材,而相关部门难以监管海量的线上商家,无法逐一排查食品安全问题。

又如,年轻人的饮食习惯受到负面影响。部分年轻人过度依赖互联网订餐,喜欢购买、食用高热量、高糖分的食物,长此以往,极可能出现健康问题。还有部分年轻人喜欢暴饮暴食,饮食严重不规律,导致其饮食结构和饮食习惯越来越差。

为了让互联网订餐给我们的生活带来正向影响,我认为需要从以下几个方面入手进行改进。

首先,加强宣传引导。主流媒体应积极宣传健康饮食理念,推广全民健身,让更多人了解健康饮食和坚持健身的重要性,体验动手做饭、挥汗如雨的乐趣。

其次,加强政府监管。相关部门应尽快完善对互联网平台、商家的监管,建立定期检查、随时抽检的监管机制,提高相关平台、商家对食品安全的重视程度。

最后,加强平台管理。平台应承担起相应的责任,加强对入驻的商家和配送人员的管理,通过使用保证金制度、完善日常奖惩机制,确保商家和配送人员认真负责,提供优质的食物。

8.1.3 主题:"可视化"点餐现象

实例

当前,很多外卖平台上线了"明厨亮灶"模块,消费者可以在外卖平台上直观地看到目标餐饮商家的后厨环境、菜品制作过程等,进行"可视化"点餐。对于这种现象,你有什么看法?

作答思路

这是一道社会现象类考题。"可视化"点餐,对大众来说是一个积极的现象,因此,考生可以从平台、商家,以及对消费者的意义等角度入手进行分析,探讨该现象出现的意义,并提出好上加好的对策。

具体逻辑:明确观点→综合分析→提出对策。

> 作答范例

"可视化"点餐,对提高外卖的卫生水平来说有积极意义,能让消费者更放心地点外卖。以下是我对"可视化"点餐的一些看法。

"可视化"点餐具有多重意义。

首先,有助于维护消费者权益。当前,食品安全问题很多,让消费者看到食品的制作环境、制作过程等,有助于消费者更好地维护自身权益。

其次,有助于促使商家提高服务质量、食品质量。用"可视化"点餐的形式,让商家接受消费者和大众的监督,有助于促使商家提高服务质量、食品质量,确保商家提供的食品既安全又健康。

最后,有助于推动平台健康发展。"可视化"点餐,有助于提高平台的入驻商家的服务质量,推动平台健康发展。

为确保"明厨亮灶"模块长期存在且不断完善、外卖平台持续优化,我们可以从以下几个方面入手进行改进。

第一,平台优化服务。平台应根据实际情况和消费者需求优化服务流程和模块功能,完善外卖商家评价系统,邀请消费者对商家的食品质量等情况进行评价,为更多的消费者提供参考。

第二,商家诚信经营。外卖商家应主动配合平台进行明厨亮灶改造,接受监督,确保食品质量达标,做到诚信经营。

第三,消费者提高维权意识。面对食品安全问题,消费者应积极维权,为推动商家提高食品质量、确保食品安全尽一份力。

8.1.4 主题：用法维权比例上升现象

实例

2020年，民众通过法律途径解决问题的比例比2016年高3.7%，对于这种现象，你有什么看法？

作答思路

这是一道社会现象类考题。越来越多的人通过法律途径解决问题、维权等，说明法律普及工作成效显著。面对这一现象，考生应该深入分析其积极意义和出现的原因。

具体逻辑：明确观点→分析原因→归于实践。

作答范例

通过法律途径解决问题的比例显著提高，说明群众的法律意识越来越强，这是值得鼓励和宣传的。接下来，我针对这种现象，谈谈自己的看法。

这一现象，具有多方面的重大意义。

其一，有助于推动法治社会的建设。群众通过法律途径解决问题，不仅有助于提高问题的解决效率，还有助于在司法实践中发现问题、找出不足、及时修正，进而维护更多人的权益。

其二，有助于树立越来越多的榜样。群众成功维权的实例，能够为更多权益受到侵害的人指明方向，给他们希望，并帮助他们找到正确的维权方法、途径。

我认为，出现这种现象，原因主要有以下几点。

第一,法律宣传工作做得到位。传统媒体与新媒体同步宣传,有助于普及法律知识,提高群众的维权意识,让群众能在必要时通过法律途径解决问题。

第二,相关工作人员认真负责。相关工作人员心系群众,真心实意地解决群众的问题,认真、耐心地面对日益增多的诉求,用坚守和努力,维护群众权益。

第三,维权渠道畅通无阻。维权渠道无门槛、无歧视,即只要群众的权益受到侵害,就可以通过法律途径进行维权。

为了让这一现象持续存在并进一步优化,我认为我们还可以在以下几个方面发力。

首先,加强普法宣传教育。通过普法理论宣传,提高群众的维权意识;通过维权实例宣传,让群众对通过法律途径解决问题有更高的认可度。

其次,加强工作人员培训。要求工作人员坚持初心,牢记责任与义务,不断提高自己的公共服务能力和业务能力,更高效地解决群众的问题,为群众提供更好的服务。

最后,加强人才培养。推动高校等机构加强对相关人才的培养,增强高校等机构的责任意识,培养更多能投入法制工作的专业人才。

总之,通过加强普法宣传教育、工作人员培训、人才培养等多方面的努力,我们可以让通过法律途径解决问题的现象持续存在并进一步优化,为构建法治社会贡献更多力量。

8.1.5 主题：取消暑期学科辅导班现象

实例

近年来，多地教育部门重拳出击，严查各类暑期辅导班，落实双减政策（双减，即有效减轻义务教育阶段学生过重的作业负担和校外培训负担）。对于这种现象，你有什么看法？

作答思路

这是一道社会现象类考题。严查各类暑期辅导班，即推行教育减负，与双减政策强相关。因此，面对这道题，考生可以先分析双减政策的意义，例如，能够减轻学生的学业压力、家长的经济压力；再分析严查各类暑期辅导班可能导致一些新的问题出现，例如，孩子暑期无人看管；最后提出对策。

具体逻辑：明确观点→综合分析→提出对策。

作答范例

我认为，严查各类暑期辅导班的举措值得肯定，因为它符合当前双减政策的要求，对教育行业的健康发展有积极意义。接下来，我将针对这一现象谈谈自己的看法。

严查各类暑期辅导班，该举措有多方面的意义。

其一，减轻学生的学业压力。严查各类暑期辅导班，能减少学生的课业负担，增加学生的娱乐时间，使他们更好地享受暑假、释放天性、健康成长。

其二，减轻家长的经济压力。据调查，各类暑期辅导班的价格普遍较高，取缔部分违规辅导班，能降低部分家庭的教育支出，减轻家长的经济压力。

其三，规范教育培训市场。市面上，有不少无资质、违规经营的私人培训机构，严查各类暑期辅导班，能够打击无资质经营行为，规范教育培训企业，促进教育培训市场的有序发展。

然而，我们可以预见，严查各类暑期辅导班可能导致一些新的问题出现。比如，部分低龄儿童因家长工作太忙而无人看管，引发安全问题；又如，部分"线上培训班"趁机发展；再如，部分家长对孩子的教育产生焦虑情绪。

为了确保双减政策的有效落实，我认为，我们可以在以下几个方面发力。

首先，严格落实双减政策。相关部门应加大执法力度，对线下、线上的各类辅导机构进行严格监管，确保双减政策得到落实。

其次，加强规范引导。相关部门应关注双减政策落实过程中可能出现的问题，积极引导正规辅导机构的发展，既推进政策的落实，又满足家长和学生的实际需求。

最后，优化公众教育理念。加大宣传力度，重点宣传典型实例和正确的教育理念，改变部分家长唯成绩论的错误观念，引导孩子健康成长。

8.1.6 主题:开会不积极现象

> **实例**
>
> 在很多会议现场,前排无人、后排座无虚席,且坐在后排的人,不是在"吐槽"会议内容不重要,就是在玩手机、打瞌睡。对于这种现象,你有什么看法?

作答思路

这是一道社会现象类考题,题目的核心矛盾是部分参会者不认真对待会议。针对消极的社会现象,考生可以重点分析危害和原因——危害,可以从不利于工作开展的角度入手进行分析,也可以从用不重要的会议内容浪费参会者的时间的角度入手进行分析;(问题)原因,可以从干部意识不到位、会议安排不到位、基层减负工作落实不到位等角度入手进行论证。作答的最后,需要提出对策。

具体逻辑:明确观点→综合分析→提出对策。

作答范例

会议现场,很多人选择坐在后排。我认为,这种现象需要被重视,并采取措施加以改变。召开会议的主要目的是传达政策、推进工作,因此,参会者轻视会议,或会议内容并不重要,都会带来诸多不良影响。

其一,这种情况不利于工作的高效开展。参会者不重视会议,必然导致对会议精神领悟不足、对工作安排了解不充分,进而在开展工作时工作质量、工作效率不高。

其二，这种情况导致参会者的时间与精力被浪费。不重要的会议内容，会使参会者宝贵的时间被浪费，且使其原本应投入工作的精力被分散。

任何现象的产生都有其根源，我认为，产生该现象的原因主要有以下几点。

一是参会者意识不到位。部分参会者未能明确自己的职业定位，习惯消极地面对工作，敷衍成性。

二是会议安排不合理。会议组织者未提前进行流程梳理和座次安排，导致会议时间过长、座次混乱等问题的出现。

三是基层减负政策落实不力。部分部门未能切实减少不必要的会议，基层减负政策并未得到有效落实，仍存在用会议落实会议等老旧的工作方式。

为了扭转这一现象，我们需要精准施策。

其一，加强干部培训。通过加强党史教育和工作培训，强化干部的责任意识和担当意识，并提高他们的工作能力，督促干部认真地对待每一项工作。

其二，提高会议质量。一方面，要加强会议组织和安排，提前进行座次安排和会场纪律说明；另一方面，要精简会议内容，突出会议重点，减少不必要的流程，使会议能够在有限的时间内高效进行。

其三，真正落实基层减负政策。通过采取合并会议、一会多事等措施，精简会议数量，提高会议效率，与此同时，严格控制会议规模，避免无关人员被通知参会。

8.1.7 主题：博物馆文化落地难现象

实例

去博物馆的人，受教育程度通常较高，但即使是受教育程度较高的人，在博物馆内参观时也大多是走马观花地看，很少有人驻足对各展品进行深入了解。博物馆文化难以融入群众的日常生活，对于这种现象，你有什么看法？

作答思路

这是一道社会现象类考题，展示的是负面社会现象。面对负面社会现象，考生需要重点分析危害和原因——危害较为简单，既不利于文化传承，又不利于文化产业发展；原因是多方面的，比如群众缺少传承意识，热衷于娱乐，又如博物馆有硬件、软件等方面的问题。作答的最后，需要提出对策。

具体逻辑：明确观点→综合分析→提出对策。

作答范例

博物馆文化难以融入群众的日常生活，我认为该现象亟待改变，需要引起重视。

博物馆文化难以融入群众的日常生活，会带来一系列不良影响。比如，不利于博物馆将其中的珍贵文物展示给群众、不利于传统文化的传承。又如，阻碍以博物馆文化为代表的文化产业的健康发展。

任何现象的产生都有其根源，我认为，产生该现象的原因主要有以下几点。

其一，博物馆自身存在问题。一方面，展品过于单一、讲解形式不够丰富、展览内容缺乏新意，难以吸引群众的注意力。另一方面，博物馆的硬件设施不尽如人意，配套服务设施（休息室、母婴室）及科技应用（智能讲解设施）有所欠缺。

其二，群众学习意愿不高。一方面，许多人缺乏文化传承意识，对文化消费持观望态度。另一方面，受娱乐至上思想的影响，人们休闲、放松时，倾向于前往电影院、电竞馆等娱乐场所，较少选择博物馆、展览厅等文化场所。

想要改变这一现象，我认为需要多方努力。

首先，政府应加强宣传和引导。通过制作、宣传优秀文化节目，如《我在故宫修文物》，增强群众的文化保护、文物保护、文化传承意识，激发他们接触、传承历史文化的热情。

其次，个人应转变生活方式，丰富娱乐项目。鼓励群众增加文化类消费，如参观博物馆、展览厅、画廊，提高自己的文化素养和生活境界，避免陷入娱乐至上的误区。

最后，博物馆应调整、改变。一方面，丰富展览内容、更新展览项目、提高讲解的专业度和内容的丰富度。另一方面，完善基础设施，引入VR技术、3D技术等，为群众提供沉浸式体验，陪群众感受传统文化和文物的魅力。

8.1.8 主题：电视"套娃"收费现象

实例

近日，多部门联合开展专项行动，整治电视"套娃"收费现象，着力改善群众看电视的体验。对于这种专项行动，你有什么看法？

作答思路

这是一道社会现象类考题。电视"套娃"收费现象，是群众诟病已久的现象，因此，这种专项行动是积极的社会行为。作答时，考生可以先分析原因，如群众利益、行业发展需要，再分析意义，即开展这种专项行动的好处，如丰富群众生活、推动行业发展，并提及整治后可能出现的新问题，如会员价格大幅提高，最后，有针对性地提出对策。

具体逻辑：明确观点→综合分析→提出对策。

作答范例

整治电视"套娃"收费现象，反映了政府对群众切身利益的关注，值得点赞与肯定。接下来，我谈谈自己的看法。

首先，该专项行动维护了群众权益。专项整治后，会员的重复缴费项目和非必要充值项目减少，有助于杜绝乱收费，切实维护群众权益。

其次，该专项行动丰富了群众的业余生活。收看电视节目是部分群众娱乐的主要方式之一，专项整治后，群众能更好地享受电视节目，满足基本娱乐需求。

最后，该专项行动推动了电视行业的健康发展。及时纠正问题，有助于良好行业氛围的形成，推动行业健康发展。

需要注意的是，我们必须警惕专项整治行动后可能出现的会员价格大幅提高等问题。为了更好地推动电视行业的健康发展，改善群众的观看体验，我认为，我们还可以在以下几个方面发力。

一是加强长效监督。坚持问题导向，坚决落实整改整治行动，完善监督管理机制，加强长效监督，及时发现问题并改正，确保行业健康发展。

二是加强行业自律。各电视台应树立大局观，着眼未来，强化品牌意识和服务意识，合理定价，不做不必要的宣传，真正提供让群众满意的服务。

三是创作优质作品。创作者应主动创作更多的优质影视作品，既为电视行业健康发展提供助力，又为丰富群众生活贡献力量，实现共赢。

8.1.9 主题：空巢青年现象

> **实例**
>
> "空巢青年"是近年出现的网络流行语，指的是与父母等亲人分居，独自租房且单身的年轻人。对于空巢青年现象，你有什么看法？

作答思路

这是一道社会现象类考题。仅看题目，无法判断"空巢青年"是积极名词还是消极名词，因此，考生可以先综合分析，比如为什么会出现空巢青年，又如空巢青年面临哪些困境、需要哪些帮助，再讨论能够给予哪些帮助、提出哪些对策。

具体逻辑：明确观点→综合分析→提出对策。

作答范例

空巢青年的出现，与当前的社会背景强相关。以下是我对空巢青年的看法。

其一，空巢青年有更为独立的特质。当前，青年人对自由的向往和对独立的追求日益强烈，他们渴望尽情享受青春和生活，同时，坚定地认为应当独立于家庭，减少对父母的依赖。

其二，空巢青年有更为高远的志向。离开家乡，在更大的城市就业、打拼，是为了追求更好的发展，获得更高的收益，不仅要实现经济独立，还要实现自我价值。

空巢青年是积极的、向上的、充满活力的，然而，我们需要关注到，空巢青年很需要社会的关心和支持。

一方面，部分空巢青年承受着巨大的心理压力。他们独自在异地生活，缺乏足够的社交渠道和情感宣泄渠道，如果工作压力、经济压力过大，很容易出现心理问题。

另一方面，部分空巢青年的自律能力亟待提高。部分空巢青年受不良饮食习惯、不良作息的影响，生活如同错乱的时钟，身体不堪重负。

想要让空巢青年获得更好的发展，我认为我们可以在以下几个方面发力。

首先，要通过优化营商环境，为空巢青年提供更多、更好的就业机会，让他们能够享受更为优越的生活条件。与此同时，社会最好能为空巢青年归巢提供更多现实基础和选择机会。

其次，家庭应给予空巢青年足够的肯定和支持，认可他们的工作和努力，给予他们精神力量。与此同时，社会应积极提供公益心理援助、法律援助等，为空巢青年增加底气。

最后，青年人应更加积极向上，努力提升自己。一方面，提高自己的生活能力和工作能力，拥有积极向上的生活态度。另一方面，掌握独立生活技能，提高身体素质，用健康的身体迎接更加美好的生活。

8.1.10 主题：新型旅游现象

实例

如今，很多年轻人旅游时，不再扎堆冲向知名的传统景点，而是选择走街串巷，去当地的菜市场、集市，或"网红打卡点"体验、游览。对于这种现象，你有什么看法？

作答思路

这是一道社会现象类考题，核心现象是年轻人旅游重心的变化。对此，考生可以先分析为什么会出现这种变化，分析角度可选消费能力变化、兴趣爱好变化、景点特色变化等，再分析出现这种变化的意义，如带动消费、宣传城市特色、挖掘城市旅游潜能，最后提出好上加好的对策。

具体逻辑：明确观点→综合分析→提出对策。

作答范例

我认为，年轻人旅游重心的变化是值得肯定的，这引领着旅游新风尚。接下来，我谈谈自己的看法。

任何现象的产生都有其根源，我认为，产生该现象的原因主要有以下几点。

首先是年轻人消费能力的变化。部分年轻人的旅游预算有限，相较于价格较高的知名传统景点，他们更倾向于选择低门槛，甚至无门槛的景点，例如，当地的菜市场、免费的"网红打卡点"。

其次是年轻人旅游喜好的变化。如今，很多年轻人不再热衷于游览传统的自然景观或人文景点，而是偏爱特色饮食、"网红打卡点"等趣味性十足的新兴景点。

最后是景点特色的变化。以菜市场为例，一些菜市场极具人文气息，能够展现当地的人文特色，帮助年轻人更好地了解当地的风土人情和饮食文化。

这样的变化，我认为有多方面的意义。

一方面，有助于优化年轻人的旅游体验。更经济、实惠的消费和更接地气的景点，能够帮助年轻人增进对目标城市的文化的了解，感受目标城市的魅力。

另一方面，有助于增加旅游消费。非传统旅游场所能够享受到旅游消费带来的积极影响，本地的特色文化和饮食也能更好地被传播出去。

为了促进这种旅游模式的发展，我认为，我们可以在以下几个方面发力。

其一，打造系列旅游项目。深入了解当前年轻人的旅游喜好，结合传统景点和新兴景点，设计"旅游圈""体验游"等旅游项目，丰富旅游产品。

其二，营造良好旅游环境。一方面，持续优化营商环境，给予政策支持；另一方面，鼓励各市场主体提高服务质量，为游客提供宾至如归的感受。

总体来说，年轻人旅游偏好的变化既是社会现象，又是时代发展的必然结果，我们应当积极拥抱这一变化，通过深入研究和不断创新，推动旅游业持续、健康发展，为年轻人提供更加丰富多彩的旅游体验。

8.1.11 主题：路边经济现象

实例

有人说，发展路边经济，利于提高经济活跃度；也有人说，发展路边经济，会导致城市脏、乱、差，甚至进入无序发展状态。对于路边经济现象，你有什么看法？

作答思路

这是一道社会现象类考题，核心话题是"路边经济"。题目中有两个截然相反的观点，一个是提高经济活跃度，对此，考生可以全面分析其意义，例如，增加就业岗位、丰富夜生活、带动上下游产业；另一个是导致城市脏、乱、差，对此，考生可以深入分析其原因，例如，管理不到位、商户无担当、消费者不自觉。在作答的最后，考生应针对路边经济提出发展对策。

具体逻辑：明确观点→综合分析→提出对策。

作答范例

路边经济的发展确实推动了经济进步，但正如题目所述，卫生问题不容忽视。因此，对于路边经济，我认为需要综合、全面地看待。

先说发展路边经济的诸多意义。

第一，增加就业岗位。路边经济形式多样，能为更多人提供自由就业的机会。与此同时，路边经济的发展，带动着对上游产品的需求的增加，进而需要更多的人力、提供更多的就业岗位，能够在一定程度上缓解就业难问题。

第二，丰富人们的业余生活。路边经济的发展已形成了一定的规模，从餐饮到娱乐，为人们带来了很多快乐，比如，"加顿夜宵"已成为夜间娱乐的选择之一。

再说发展路边经济的问题及对应的原因，导致问题出现的原因是多方面的。

第一，管理不够完善。路边经济发展迅速，其管理制度缺乏细化、缺乏落实，比如，环卫垃圾桶等配套设施未及时到位。

第二，部分商户缺乏责任感。部分商户只追求眼前利益，不关注自身行为对环境造成的负面影响，比如，不及时清扫自己的摊位。

第三，部分消费者不自觉。目前，部分消费者有严重的不文明行为，比如，乱丢垃圾、乱吐痰的现象时有出现。

最后聊聊为了更好地促进路边经济的发展，我们可以从哪几个方面发力。

第一，完善管理制度。一方面，规范经营管理，对商户的经营行为、保洁义务等进行明确规定，避免不良现象的出现。另一方面，明确配套服务的具体内容，比如环卫工打扫的时间点和次数，又如垃圾桶等配套设施的数量。

第二，加强引导。一方面，引导商户提高责任感，重视服务质量，做到诚信经营、绿色经营；另一方面，呼吁消费者文明消费，共同维护城市环境。

总之,我们应该看到,路边经济的发展是复杂且多元的过程,涉及多个利益相关方,只有各方携手,才能实现路边经济的可持续发展,为经济繁荣和社会进步作出更大的贡献。

8.2 态度观点类考题演练

态度观点类考题重点考查考生对特定内容的态度、观点,以及考生的分析能力、问题处理能力。面对态度观点类考题,考生应重点关注以下答题要点。

(1)明确并坚定态度

面对态度观点类考题,考生需要清晰地表达自己对特定内容的态度、观点,并且在作答过程中保持一致,避免态度模棱两可或观点频繁变化。

(2)有理有据地表达

阐述自己的态度、观点时,考生应提供充分的论据,支持自己的论点。这些论据,可以基于考生的个人经历、专业知识,以及对相关政策的解读等。

(3)确保逻辑严谨

作答时,考生应确保自己的表达条理清晰、逻辑严谨。

(4)关注语速、语调

作答时,考生应关注自己的语速、语调,确保作答流畅、自然,更好地表述自己的态度、观点。

8.2.1 主题：换个角度看问题

实例

一个作家，偶然看到一位老人在坐着修剪花坛中的花草，下意识地认为这位老人很懒。不久后，这个作家换了一个角度，再次看到这位老人，发现这位老人没有腿。作家感慨道："感谢上帝让我多看了一眼！"

请结合对这个故事的理解，谈一谈你获得的启示。

作答思路

这是态度观点类考题中的启示类考题，这类考题的题目中往往有多个观点，考生应全面关注。实例中，作家看到老人坐着修剪花坛中的花草后，直接得出了一个结论，可见作家有经验主义问题。但不久后，作家换了一个角度看同一现象并主动纠正自己的错误观点，说明他意识到了全面思考的重要性。所谓"多看一眼"，就是告诉我们要深入调研、深入分析。

综上所述，这道题可以从3个角度入手谈启示。如果考生只看出了一个观点，需要针对这个观点，展开全面分析。

具体逻辑：明确观点→综合分析→总结反思。

作答范例

题目中的故事告诉我们,要避免陷入经验主义陷阱,努力拥有全局思维,并养成深入调研、分析的习惯。

第一,我们必须避免陷入经验主义陷阱。当前,基层工作持续变革,问题和挑战不断涌现。面对新问题、新挑战,如果过于依赖过往经验,不仅无法取得预期成效,还可能获得反效果。举个因时因势调整工作方法的例子,在2020年的脱贫攻坚工作中,某村扶贫干部因地制宜、因村制宜,转输血式扶贫为造血式扶贫,成功结合外来优秀经验与当地实际情况,积极创新扶贫产业,成就喜人。

第二,努力拥有全局思维是至关重要的。无论是在工作中,还是在生活中,我们都需要有全局观念,合理统筹,因为只有立足长远、着眼全局,我们才能稳步前行。以当前国家的五位一体发展布局为例,从政治、经济、生态、文化、社会5个角度出发,统筹发展,全面进步,方能实现社会和谐,确保稳步发展。

第三,工作中,深入调研、分析是不可或缺的。没有调研,就没有发言权,只有真正了解基层情况,才能发现问题,提出切实可行的解决方案。凡事预则立,不预则废,只有做好基层调研,深入了解问题产生的根源,才能推动社会治理能力的进步。以人口普查工作为例,只有做好调研工作,全面了解人口结构、数量、居住环境等实际情况,才能合理制定经济发展战略和国家发展政策。

对我而言,这个故事给了我很大的启发,日后,我将从以下几个方面入手,努力提高自己。

首先,克服经验主义。在工作中,我将坚持具体问题具体分析,遵循因事而异、因时制宜的工作原则。

其次,增强全局意识。在工作中,我会不断学习国家的方针政策,深入研究领导人讲话,提高政治站位,养成多角度分析问题的习惯。

最后,立足一线。在工作中,我将积极践行一线工作法,深入开展调研,了解群众的所思所想,切实解决群众的问题,并在解决问题的过程中不断提高自己的工作能力。与此同时,我会不断完善调研方法,提高调研效率,为政策执行和工作推进做好充分的准备。

8.2.2 主题:"敦煌的女儿"樊锦诗

实例

从风华正茂到满头华发,"敦煌的女儿"樊锦诗扎根大漠,真正做到了"一生只做一件事"。请针对樊锦诗的选择,谈谈你的看法。

作答思路

这道题的关键句是"一生只做一件事",强调的是专注、持之以恒等精神品质,考生可以从"专注"这个精神品质对各主体的影响出发,完成作答。使用主体分析法,考生可以先依次从自身、企业、社会等角度出发,分析专注的重要意义,再归于自身实践。

具体逻辑:明确观点→多角度论述→归于实践。

作答范例

滴水穿石，非一日之功。樊锦诗扎根敦煌，从青春到华发，一生致力于做好一件事，充分体现了专注的品质，这种精神，值得所有年轻人学习。

专注，有助于年轻人实现个人价值。光鲜亮丽的成就背后，是专注与刻苦。只有投入大量的时间、精力，刻苦钻研，才能获得自身能力的提高。比如，四大名旦之一的梅兰芳先生，十几年如一日地专注于苦练基本功，不断提高自己的专业能力，终成一代名角。

专注，有助于企业实现社会价值。专注力，对企业来说，是重要的市场竞争力。只有保持专注，企业才能在行业变革和市场竞争中不断奋勇争先，避免随波逐流。屠呦呦女士，几十年专注于青蒿素研究，面对外界的质疑毫不动摇，最终完成了青蒿素的结晶提取，在疟疾治疗方面取得了里程碑式的进步，这样的专注于研究、精进的态度，是值得企业学习、能够用于推动企业发展的。

专注，有助于社会发展与进步。我国政府关注民生，专注发展，将改善民生作为政策核心，将改革开放作为基本国策，坚定不移地走改革开放道路，并始终致力于民生改善。正是因为有这样的专注力，我国才取得了举世瞩目的经济发展成绩。

习近平总书记曾言，功崇惟志，业广惟勤。我将以此为训，树立远大理想，专注做事，学习先辈的宝贵经验，丰富自己的精神世界。

我深知，做任何事情都不可能一蹴而就，只有扎根基层，努力奋斗，才能实现个人的进步。因此，我将踏实工作，履职尽责，一步一个脚印地向前走，奉献自己的力量于基层服务，努力提高公共服务能力，在基层工作中实现自我价值！

8.2.3 主题：见贤思齐焉，见不贤而内自省也

实例

正所谓"见贤思齐焉，见不贤而内自省也"，请针对这句话，谈谈你的看法。

作答思路

题中古语的意思是"看到有德行、有才能的人就要向他学习，希望能和他看齐；看到没有德行的人就要反省自我，看有没有同样的缺点"，提炼一下，主要涉及两个重点，一个是"见贤思齐"，即要主动学习别人的优点、长处；另一个是"内自省"，即不仅要善于寻找自身存在的问题，还要在看到别人身上的问题时，回归自身，检查自己是否有同样的问题。作答时，可以先分别谈一谈这两个方面的要求、重要性、意义，再举例论证，最后回归自身，落于实践。

具体逻辑：明确观点→多角度论述→归于实践。

作答范例

"见贤思齐焉，见不贤而内自省也"，这是古训，也是新时代对青年的要求。做到这一点，不仅有利于青年的个人成长，还有利于社会的进步与发展。接下来，我针对这句话，谈谈自己的看法。

其一，"见贤思齐"有助于个人进步。正所谓"三人行，必有我师焉"，在日常生活与工作中，我们应当善于发现并学习他人的长处和优点，将其内化于心，外化于行，弥补自身的不足。例如，白居易作诗后，常虚心向老人、妇女等不同人群求教，倾听他们的评价，根据反馈不断完善自己的诗作，最终成为伟大的诗人。

其二，"见不贤而内自省"不可忽视。"见不贤而内自省"要求我们在与他人相处时，若发现了他人的不足，应立刻进行反思，思考自己是否有类似的问题。当前，一些年轻干部缺乏自我反思与约束能力，面对诱惑，难以自控；面对问题，不愿改正，最终走上违法乱纪的道路，令人痛惜。

"见贤思齐焉，见不贤而内自省也"不应仅停留为口号，必须真正付诸实践。着眼自身，我认为，我至少要做到以下几点。

第一，端正思想，学习他人的优点，并增强自我反省意识。一方面，学习他人的优点和长处，不断提高自己的各项能力；另一方面，及时反思、自省，不断精进。

第二，积极参加党史学习、红色教育等活动，学习优秀榜样，如张富清、张桂梅、黄大发、黄大年，多看优秀的影视作品，如《觉醒年代》《功勋》，传承优秀的中国精神。

综上所述，见贤思齐、见不贤而内自省不仅是个人成长的需要，还是社会进步的基石。我们应不断提高自身素养，为社会的繁荣与发展贡献力量！

8.2.4 主题：共和国的颜色

实例

习近平总书记说共和国是红色的，我们不能淡化这种颜色。请针对习近平总书记的话，谈谈你的看法。

作答思路

习近平总书记的话强调了红色精神的重要性，有两层含义值得关注，一个是共和国为什么是红色的，以及红色从哪来、有什么意义等；另一个是为什么不能淡化这种颜色，以及我们应该怎么做。作答时，考生要重点聊聊这些问题。

具体逻辑：明确观点→综合分析→归于实践。

作答范例

习近平总书记的话为我们揭示了红色精神的意义和重要性。红色精神，既是我们的宝贵财富，又是我们的精神支柱，需要我们世代相传，不断发扬光大。接下来，我谈谈自己的理解。

其一，红色精神是历史赐予我们的宝贵财富。回望历史，内忧外患时，无数共产党人和革命先辈挺身而出，肩负起历史重任，取得了不朽的成就。从南湖红船的启航，到南昌起义的枪声；从井冈山的星星之火，到艰苦卓绝的二万五千里长征，再到抗日战争和解放战争时硝烟弥漫的战场，红色精神支撑着他们勇往直前，带着中国人民站了起来。

其二，红色精神是我们直面挑战的精神支柱。在"四化"（工业现代化、农业现代化、国防现代化、科学技术现代化）并进、改革进入攻坚期和深水区的背景下，我们面对着诸多困难和现实挑战。在天灾人祸面前，中国人从未退缩，秉持红色精神，坚定艰苦奋斗、无私奉献的信念，众志成城，共同筑起了一道道坚不可摧的红色长城。正是依靠这种精神力量，我们才拥有着如今的国泰民安。

展望未来，红色精神将继续激励我们、支撑我们在时代潮流中挺立潮头，并鼓舞一代又一代的青年突破重重困难，实现中华民族伟大复兴的中国梦。

习近平总书记曾言，功崇惟志，业广惟勤。有志于干一番事业的我们，应当牢记总书记的嘱托。

一方面，我们需要树立远大理想，秉持红色精神，深刻理解红色精神的内涵，培养艰苦奋斗、无畏艰险的宝贵品质；另一方面，我们要在工作、生活中践行红色精神，使其成为我们的底色，贯穿工作始终。例如，在基层工作中，我们要耐心倾听群众的所思所想，切实解决群众的问题，不断提高公共服务能力，关注群众的获得感、安全感、幸福感。

在红色精神的熏陶下，我们定将成就自我、造福人民！

8.2.5 主题：爱国是本分

实例

孙中山先生曾说，爱国是一个人的本分。请针对"爱国主义"，谈谈你的看法。

作答思路

爱国，是本分、职责，亘古不变。因此，考生可以先分析爱国主义的意义，再谈爱国主义的价值，最后讲一讲如何践行爱国主义。

具体逻辑：明确观点→综合分析→归于实践。

作答范例

爱国主义，蕴含着巨大的力量。爱国、爱党、爱社会，是当今时代对青年最基本的要求，也是青年应当持有的底色与思想。孙中山先生曾告诫青年，要永远保持爱国的底色，发扬爱国精神。接下来，我将针对"爱国主义"谈谈自己的看法。

首先，爱国主义是力量源泉。心中有信仰，脚下才有力量。爱国主义思想，能为青年的前进指明方向，确保青年拥有源源不断的精神动力。作为基层工作者，必须不断强化自己的爱国主义思想，在工作中迎难而上，直面各种挑战，切实为群众解决实际问题。

其次，爱国主义与担当意识相辅相成。弘扬爱国主义精神、积极奉献精神，有助于帮助青年拥有坚定的意志，承担应承担的责任。例如，疫情期间，无数医护工作者发扬爱国主义精神，毅然奔赴抗疫一线，勇于担当、积极奉献，最终实现了抗疫胜利。

最后，爱国主义与进取、奉献强相关。在爱国主义精神的支撑下，无数青年将个人理想与社会责任融为一体，为社会发展作出巨大的贡献。例如，中华人民共和国成立初期，众多青年科学家发扬爱国主义精神和奉献精神，淡泊名利，在环境恶劣的科研一线深耕细作、在各领域取得突破，为我国参与国际竞争增添了底气。

于我而言，一方面，我会通过积极参与党史学习、红色教育，内化先辈、先烈们的爱国主义精神，强化自己心中的红色底色和爱国主义底色；另一方面，我会在实践中争做爱国标兵，主动奉献，深入基层，承担党和人民赋予的重任，将爱国主义落实在行动中，积极为国家富强作贡献。

8.2.6 主题：青年时代的吃苦与奉献

【实例】

习近平总书记曾说，在青年时代，选择吃苦就选择了收获，选择奉献就选择了高尚。请针对习近平总书记的话，谈谈你的看法。

【作答思路】

习近平总书记的话中，有 3 个词需要重点关注，一个是"青年时代"，一个是"吃苦"，还有一个是"奉献"。作答时，考生可以先说明这句话对青年的意义，再重点分析"吃苦才会有收获，奉献才会变高尚"，最后谈一谈自己如何实践、怎么吃苦、怎么奉献。

具体逻辑：明确观点→综合分析→归于实践。

> **作答范例**
>
> 习近平总书记高瞻远瞩地向青年强调了敢于吃苦、勇于奉献的重要性。吃苦与奉献,对青年的成长是有积极意义的,下面,我谈一谈自己的看法。
>
> 其一,吃苦是成长的必经之路。正所谓"吃得苦中苦,方为人上人",吃苦,有助于锤炼意志、积累经验、提高能力。吃苦的过程,不仅是积累的过程,还是蜕变的过程。古今中外,无数实例证明了吃苦的重要性。以脱贫攻坚战为例,面对艰苦的基层工作环境,众多扶贫工作者秉持乐观的心态,积极寻找脱贫方案,不断吃苦,积累经验,才圆满完成了扶贫工作,取得了脱贫攻坚战的胜利。
>
> 其二,奉献是高尚品格的体现。奉献,是实现个人价值的方式,只有乐于奉献,我们的青春才会充满意义,且有更靓丽的风采。例如,疫情期间,无数青年医护人员毅然逆行,迎难而上,成为最美的抗疫战士,彰显了高尚的品格。
>
> 作为新时代青年,我们应当既仰望星空,又脚踏实地。一方面,增强吃苦意识和奉献意识,加强学习,通过广泛了解先辈、先烈的事迹,汲取宝贵的精神力量,并积极参加各种学习、培训、社会实践活动,锻造吃苦耐劳、无私奉献的宝贵品质,提高自己的能力及业务素养;另一方面,勇于实践,积极投身社会建设,深入基层,努力工作,在吃苦与奉献中不断精进,成为肯吃苦、敢奉献的青年。

8.2.7 主题：齐白石的作画之道

实例

齐白石曾说："作画是守静之道，涵养静气，事业可成。"请针对这句话，谈谈你的看法。

作答思路

这是一道态度观点类考题，齐白石先生为我们说明了"静"的重要性。作答时，考生要对"静"进行深入阐述，先分析"静"对个人成长、成才、成功的意义，再使用道理加实例的结构进行论证，最后着眼于自身实践。

具体逻辑：明确观点→综合分析→归于实践。

作答范例

"非淡泊无以明志，非宁静无以致远"，古人的这一智慧之语，如同一盏明灯，为青年照亮了前行的路。"作画是守静之道，涵养静气，事业可成"，齐白石先生的这句话告诉我们，只有静心做事，才能有所作为，实现人生价值。

静，是一种内心状态，意味着不浮躁、不焦虑，能够冷静地面对生活的变化。在喧嚣的社会中，能够静下心来，是非常珍贵的能力。若我们能够抵御外在诱惑，不被外界干扰，便能更加专注于自己的追求与梦想。著名导演卡梅隆便是一个典型例子——他成名后没有沉迷于名利，而是选择静心沉淀与积累，后续又创作出了《阿凡达》这一震撼世界的作品。

静,是一种力量,能推动我们不断前进。淡泊名利,不为外界所扰,有助于帮助我们更加专注于自己的工作,干出实绩。只有静下心来,俯下身子,深入群众,了解群众的所思所想,我们才能够真正解决群众的问题,成为有担当、能干事的基层干部。中华人民共和国成立初期,无数科研工作者舍弃了优渥的生活条件,隐姓埋名,几十年如一日地深耕于科研一线,他们的潜心研究与不懈努力,是我国在科技领域取得举世瞩目的成就的基石。

对新时代青年来说,静心做事是一种必备的品质。新时代青年既需要仰望星空,树立崇高的理想,将个人的追求与国家的发展紧密结合在一起,又需要寻找榜样,打磨无私奉献、艰苦奋斗的优秀品质,提升自己的精神境界。只有这样,新时代青年才能更好地为实现中国梦贡献自己的力量。

此外,作为新时代青年,我们还需要脚踏实地地深入基层,从群众中来、到群众中去,通过与群众亲密接触,了解群众的需求和期望,为群众提供更好的服务。只有在干出实绩的同时充分磨炼自己、提高能力,才能为未来的发展打下坚实的基础。

总之,静心做事是青年实现人生价值的必经之路。我们不仅要不断锤炼自己的内心,保持冷静与专注,还要积极投身实践,不断提高自己的能力,为实现中国梦贡献自己的力量。

8.2.8 主题：授人以渔与授人以欲

实例

古人云："授人以鱼，不如授人以渔。"

如今，有学者提出："授人以渔，不如授人以欲。"

请针对这两句话，谈谈你的看法。

作答思路

这是一道态度观点类考题，古语的重点是强调传授经验与方法的重要意义，今言的重点是强调激起学习欲望的重要性。面对这道题中的两句话，考生可以支持，可以反对，也可以辩证论述。作答重点是先分别阐述"渔"与"欲"的意义，再综合分析，最后归于实践。

具体逻辑：明确观点→综合分析→归于实践。

作答范例

我认为，无论是授人以渔还是授人以欲，都蕴含着深刻的道理，这两者不是对立的，而是能够相互融合、相互促进的。

授人以渔，强调的是经验、技巧和方法的重要性。渔，意思是捕获、获取，这里指的是获取知识和技能。我们身处的社会在不断进步，科学技术日新月异，要想跟上时代的步伐，就必须不断学习，不断掌握新的知识和技能。只有这样，我们才能更好地适应社会的需求，更好地应对生活中的各种挑战。与此同时，授人以渔强调了自主性和创新性的重要性，通过自主学习和不断创新，我们能够开拓新的领域，创造更多的可能。

授人以欲，强调的是欲望、追求和动力的重要性。欲，代表着内心的渴望和追求，是推动我们前进的原动力。没有欲望，就没有动力；没有追求，就没有目标。只有拥有明确的追求和坚定的信念，才能激发内在潜能，不断超越自我，实现更高的目标。与此同时，授人以欲在提醒我们，要保持积极向上的心态，不断追求进步和成长。只有不断挑战自我、超越自我，我们才能在人生的道路上越走越远。

因此，我认为，"渔"和"欲"都至关重要——我们既需要通过学习和实践，掌握知识和技能，又需要保持对美好未来的追求和渴望。换句话说，在人生的道路上，我们应该将这两者结合起来，既重视经验的积累和能力的提高，又保持对梦想和目标的执着追求。

我深知基层干部责任重大，将以授人以渔和授人以欲为指引，不断提高自己的综合素质和能力水平。一方面，我将通过参加各种培训和学习活动，不断掌握新的知识和技能，提高自己的业务能力和管理水平；另一方面，我将始终保持积极向上的心态，坚定自己的信仰和追求，为人民群众提供更好的服务。

8.2.9 主题：莲，出淤泥而不染

实例

莲，生于淤泥，从淤泥中汲取养分，但是花朵高洁又漂亮。请针对"莲，出淤泥而不染"，谈谈你的看法。

💡 作答思路

这是一道态度观点类考题。淤泥,指的是恶劣的环境、艰苦的工作,生于淤泥的莲没有放弃成长,体现了从不言弃、艰苦奋斗的精神;从淤泥中汲取养分,体现了在困难中总结经验、不断提升的精神;即使生于淤泥,莲花仍高洁、漂亮,说明了品质高洁的重要性……考生可以从以上几个角度入手进行分析、论证。

具体逻辑:明确观点→多角度论述→归于实践。

📖 作答范例

莲,出淤泥而不染,带给了我深刻的启示。

首先,我们必须有艰苦奋斗的精神。莲,生于淤泥,但从不随波逐流,而是奋力汲取养分,突破淤泥,绽放美丽的花朵。这不禁让我想到,疫情肆虐时,中国人民从不畏难退缩,而是团结一心,共同构筑守护国家安康、稳定的坚固防线。无数抗疫医护人员、志愿者等在艰苦的环境中顶着压力,守护了人民的生命安全。

其次,我们要从困难中汲取经验,磨炼意志。虽然淤泥这一生长环境非常恶劣,但是莲依然能够汲取养分,绽放花朵。看着莲的成长历程,我想起了宋濂。宋濂在《送东阳马生序》中自述幼时家贫,无从致书以观,但他并未放弃学业,而是在困境中坚守初心、坚定前行,这种不屈不挠的意志,帮助他在困境中不断成长,最终成为杰出的人才。

最后,我们要固守高洁的精神。精神力量,无论是对个人来说,还是对国家来说,都是至关重要的。莲花之所以能够出淤泥而不染,是因为它有高洁的精神。例如,钱学森、邓稼先、周培源等科学家,曾放弃国外优越的生活条件和科研环境,毅然回国,发扬无私奉献精神,在科研领域深耕细作,为国家的繁荣富强作出巨大贡献,非常值得我们学习。

作为新时代的年轻人,我们肩负着建设祖国的重任,应该积极响应国家的号召,将个人的梦想与国家的命运紧密相连。在学习和工作中,我们应该发扬莲花精神,不怕困难,不畏挑战,勇往直前。同时,我们要关注自己的品质和修养,做到内外兼修、德才兼备。只有这样,我们才能成为真正优秀的青年,为祖国的繁荣富强贡献自己的力量!

8.2.10 主题:要把小事当大事干

实例

习近平总书记强调,要从一点一滴做起,把小事当大事干。请针对习近平总书记的话,谈谈你的看法。

作答思路

习近平总书记的话清晰、明了,重点是重视小事、关注细节。作答时,考生可以先进行破题表态,再对基层工作中的"小事"的意义、重要性等进行阐述,最后结合基层工作,有针对性地谈谈如何改变态度、如何进行实践。

具体逻辑：明确观点→综合分析→归于实践。

作答范例

正所谓"天下大事必作于细，天下难事必作于易"，习近平总书记明确提出"从一点一滴做起，把小事当大事干"的要求，为我们指明了工作方向。对我们而言，基层小事具有特殊意义，必须得到重视。接下来，我具体阐述自己对习近平总书记的话的理解。

其一，群众无小事，枝叶总关情。基层工作由众多细节组成，对我们而言的"小事"，对群众而言可能是至关重要的大事。只有不断完善每一个细小环节，才能稳定提高群众的生活质量。例如，白发书记李忠凯在基层工作时，非常关注细节，常主动倾听群众所思、所想、所盼，解决群众诉求，扎实地做好群众工作，赢得了群众与同事的认可。

其二，解决基层小事，有助于提高基层工作能力。解决基层小事，能够帮助我们不断提高基层工作能力、服务能力与工作质量，优化工作流程。以大国工匠徐立平为例，他在航空火药上进行微雕，不能有丝毫差错，甚至每一次落刀时都能听见自己的心跳声。这种细致入微的精神，不仅为我国航空事业的发展奠定了坚实的基础，还帮他提高了工作能力，成为大国工匠。

因此，作为基层工作者，我们应当把小事当大事干，严格要求自己。

比如，端正工作态度。一方面，重视理论学习，提高专业能力，包括学习国家政策、领会党和国家领导人的讲话精神等；另一方面，积极学习优秀榜样的模范行为，并贯彻到自身实践中，不断提高服务能力和服务水平，秉持严谨细致、谦虚谨慎的工作态度，让自己成为一名合格的人民公仆。

又如，加强能力提升。一方面，在实际工作中锤炼自己，不断提高工作能力，在细节之处创新工作方法；另一方面，重视与群众、同事的经验交流，在交流中不断反思，虚心接受意见和建议，及时改正缺点，提高自身能力。

8.2.11 主题：历览前贤国与家，成由勤俭败由奢

实例

古人云："历览前贤国与家，成由勤俭败由奢。"请针对这句话，谈谈你的看法。

作答思路

这是一道态度观点类考题。"历览前贤国与家，成由勤俭败由奢"的意思是纵观历史上贤能的国家、家庭，都是成功于勤俭、失败于奢侈的。这句话强调了勤俭节约、艰苦朴素的重要性，因此，考生可以先从国、家两个角度入手，分析勤俭的意义和奢侈的危害，再回归自身，谈谈如何联系实际工作。

具体逻辑：明确观点→综合分析→归于实践。

> 作答范例

"历览前贤国与家,成由勤俭败由奢"这句话深刻地揭示了一个道理:无论是国家还是家庭,成功的关键在于勤俭,而失败往往源于奢侈。这一道理强调了勤俭对国家、家庭,甚至个人而言的重要性,值得我们铭记在心。

接下来,我针对这句话,谈谈自己的理解与看法。

其一,国家的兴盛源于勤俭,而衰亡多与奢侈有关。回顾历史,我们可以发现,许多朝代之所以兴盛,是因为实行了轻徭薄赋、励精图治的政策,而大多数衰败,与统治者沉迷于骄奢淫逸息息相关。例如,晚清统治者贪图安逸、昏庸无道,只顾着享受,最终导致国家衰败,相反,中国共产党始终遵循艰苦奋斗、勤俭节约的原则,不拿群众一针一线,这才逐步创造了如今的辉煌。

其二,正如家庭的稳定离不开勤俭,个人的成功也离不开勤俭,而失败多与奢侈有关。一个人,只有保持勤俭的习惯,才有持续精进的动力,如果过于追求奢侈、名利,很容易迷失方向、失去斗志,最终走向失败。以周恩来总理为例,他从小立志为中华民族之崛起而读书,始终艰苦朴素、勤俭节约,为我国的发展作出了卓越的贡献。

作为基层干部,勤俭很重要。一方面,我们要增强节俭意识,杜绝奢侈行为,以先辈、先烈为榜样,艰苦奋斗、为国奉献,同时以贪腐干部为鉴,吸取教训、远离诱惑;另一方面,在工作和生活中,我们要恪守原则和底线,保持艰苦朴素、勤俭节约的作风,积极解决群众的问题,确保公权力不被滥用。

总之，勤俭是国家兴盛、家庭稳定和个人成功的基石，我们要时刻保持清醒，恪守勤俭原则，为实现中华民族伟大复兴的中国梦而努力奋斗。

8.3 组织管理题演练

组织管理题的考查重点是考生的规划能力、组织能力、协调能力、管理能力等。面对组织管理题，考生应重点关注以下答题要点。

（1）明确任务目标

考生需要第一时间明确任务目标，最好同时了解任务要求，这是合理制订工作计划的基础。

（2）重视团队协作

在任务执行过程中，考生需要重视团队协作，充分发挥团队成员的优势，共同完成任务。

（3）灵活应对变化

在任务执行过程中，难免遇到一些意料之外的情况。考生需要提高应变能力，及时调整计划，灵活应对各种问题、变化。

（4）总结经验教训

任务完成后，考生需要及时总结经验教训，分析成功或失败的原因，为今后的工作提供参考。

8.3.1 主题：不理想培训效果的优化

> **实例**
>
> 你所在的单位计划开展一次教老年人使用智能手机便捷办事的培训活动，培训前期的效果不理想，若你是该活动的负责人，你会如何安排后续培训事宜？

作答思路

这是一道组织管理题，核心要求是扭转培训活动前期开展效果不好的局面。面对这道题，考生要先做好针对前期活动的反思，探究活动效果不理想的原因，再做好方法上的优化和创新，最后做好经验总结。

具体逻辑：明确表态→解决问题→吸取教训。

作答范例

教老年人使用智能手机便捷办事，有助于消除数字鸿沟，推动老年人社会生活水平的提高。针对题目中的情况，我将认真反思，找出问题的根源，妥善安排后续活动，做好以下工作。

第一，进行反思与查摆。我将对前期存在的问题进行深入反思，通过采取自我查摆、查阅培训记录和视频资料等措施，细致梳理流程细节，发现培训过程中存在的问题。

第二，积极听取意见和建议。通过回访参加培训的老年人、开展针对老年人的调研，了解老年人在培训内容和方式上的需求和反馈，及时查漏补缺，优化培训方案。

第三，创新培训方式。内容上，结合老年人的实际需求和手机办事的工作要求，深入剖析办事流程，关注细节培训，同时优化培训内容，使用动画等多媒体形式，用生动、形象的视频、漫画，将操作流程呈现得更加直观，便于理解；方式上，力求创新，引入激励教育机制，结合理论学习和模拟操作，建立阶段性奖励机制，鼓励老年人积极参与培训，激发他们的学习热情。

第四，关注培训人员的选拔工作。通过中年干部和青年干部搭配工作，充分发挥不同培训人员在操作理论和语言沟通方面的优势，提高培训质量和培训效率。

第五，做好总结工作与回访工作。一方面，总结此次培训的经验，为后续工作提供参考；另一方面，通过回访，了解老年人的实际情况，针对手机操作中的重难点问题，持续优化课程内容和教学重点。

我相信，做好以上工作，参加培训的老年人使用智能手机办事的比例将显著提高。

8.3.2 主题：特色文化调研的组织开展

实例

为了丰富乡村振兴的特色文化内涵，你所在的单位计划组织一次针对当地特色文化的调研。若领导将本次调研的组织工作交给你负责，你会如何组织？

第 8 章 | 结构化面试真题演练

💡 作答思路

这是组织管理题中的调研题,调研主题是某地的特色文化。面对这道题,考生需要先确定调研对象(村干部、村民、非遗传人、相关专家或政府部门的工作人员等)和调研方式(实地考查、座谈会、问卷调研等),再结合调研对象和调研方式,有针对性地调研该地的特色文化。

具体逻辑:前期准备→开展调研→总结报告。

📖 作答范例

文化振兴,是乡村振兴的核心内容之一。我将精心组织此次特色文化调研活动,为我市的文化振兴奠定坚实基础。以下是我开展工作的详细规划。

首先,进行周密的准备工作。

一方面,通过查阅政府网站、相关公众号上的历史资料,全面了解当地的风土人情、特色历史文化,以及有特殊意义的现代文化,确保心中有数。

另一方面,准备调研需要的物资,如录音笔、电脑、摄像机,结合提前了解到的情况,精心制订调研方案。

其次,进行深入的调研工作。

第一,实地考查。深入基层,走访当地的特色文化产业园、文化纪念馆,以及有代表性的文化地标,了解当前乡村的文物保护单位、历史文化古迹等,深入探究其历史背景、文化价值,以及对当地的影响。

第二,现场采访。拜访当地的非遗单位,通过与当地的非遗传人交流,深入了解当地的非物质文化遗产的具体内涵与形式,探究其文化底蕴和历史背景,并关注其当前的发展状况、困境和问题。与此同时,询问非遗传人对当地非物质文化遗产发展前景的期许、建议,了解文化主体需求。

第三,实地座谈。邀请村干部、非遗传人、历史学家,以及文化部门的领导干部进行座谈,与此同时,策划线上直播,邀请当地各界人士广泛参与。座谈会上,针对特色文化保护与发展等议题进行深入探讨,集思广益,提出相关建议。

最后,根据调研情况,撰写调研报告。

详细记录辖区内具有历史价值的、当地特色鲜明的风俗文化,介绍其当前存在的问题,展望其发展前景,并结合座谈会内容及专家、学者的建议,制定应对问题的策略,形成全面、深入的调研报告,促进当地文化的发展,丰富乡村振兴的特色文化内涵。

8.3.3 主题:主题活动的组织

实例

你所在的单位计划组织一场"迎七一"主题活动,若领导将该工作交给你负责,你会如何组织?

作答思路

这是组织管理题中的宣传题，考查形式较常规。因为有活动主题方面的限制，所以考生作答时很难对单一活动进行有针对性的扩充，用系列活动的方式进行宣传，扩大覆盖面是个不错的选择。

具体逻辑：前期准备→开展活动→总结反思。

作答范例

组织"迎七一"主题活动，至少要做好以下几个方面的工作。

首先，做好充分的前期准备工作。

一方面，深入学习、研究近年来兄弟单位或网络上的优秀的迎"七一"活动方案，全面了解活动的具体要求和细节，确保能够通过借鉴他人的经验，更好地进行活动策划和组织。

另一方面，积极调研单位领导及同事的期望，根据实际情况制订更具有针对性的活动方案，确保活动能够真正满足大家的需求和期望。

其次，关注活动的形式创新。

一是开展"不忘初心"主题活动。由党组书记主讲一场以"不忘初心、牢记使命"为主题的党课，引导党员干部深刻领悟这一理念的内涵。与此同时，组织党员学习党章、重温入党誓词、坚定理想信念，确保所有党员始终牢记自己的初心和使命。

二是开展"为民服务进基层"活动。主动、深入地联系社区、学校、企业，发挥党员的先锋示范作用，通过为群众提供优质服务、为学校送知识、为企业送政策/法规等方式，增加群众对政府工作的理解和支持。与此同时，通过务实的行动，激发同事们为民服务的热情，使他们深刻感受到担当的意义。

三是开展"干部职工警示教育"活动。举办廉政教育讲座，用以案示法的方式，警醒所有工作人员，让其坚守底线，关注廉洁红线，确保始终在工作中保持清醒的头脑和廉洁的品行。

最后，做好总结反思工作。

我会积极总结、反思组织此次活动的经验和教训，改进不足之处，以便在后续工作中进一步创新，将未来的"迎七一"活动办得更有意义。与此同时，我会与同事们一起，不断改进、完善后续活动的组织工作，确保每一次活动都能达到预期效果，让广大党员和群众真正感受到党的关怀和温暖。

8.3.4 主题：棘手问题的调研

实例

某地有一个大型养猪场，近日，有群众举报该养猪场存在污染周边环境的问题，且提高了疫病传播风险。若领导安排你针对此事做调研，你会如何组织此次调研？

作答思路

这是组织管理题中的调研题。针对这种题目，作答重点是确定调研对象和调研方式。实地走访、电话访谈、突击检查等，都是可选的调研方式。注意，针对本题，调研时既要关注环境污染问题，又要关注疫病风险。

具体逻辑：前期准备→开展调研→总结报告。

作答范例

面对群众举报，我们必须高度重视，尽快开展调研活动。我认为，调研活动至少要包括以下3个步骤。

第一，做好充分的前期准备。

一方面，深入了解养殖场管理标准、环保标准等相关政策，洞悉污染表现形式；另一方面，重点了解养猪场的位置、规模等相关情况。

第二，开展调研活动。

其一，对养猪场进行突击检查，收集养猪场内的检验标本，如固体废物、液体废物、空气样品、土壤样品。与此同时，收集猪的粪便、尿液、血液等标本，检验是否存在病原微生物。此外，查看养猪场的养殖手续及不同批次生猪的防疫证明，并核实废物处理设备、空气净化设备等设备能否正常使用，根据实际情况做好记录、拍照等工作。

其二，进行群众走访。一方面，了解群众的感受和意见，包括是否时常感觉空气中有异味、生产生活是否受到影响等情况；另一方面，与当地基层干部交流，了解建设养猪场后是否存在环境污染问题、疫病传播风险等。

其三，与相关部门及专家沟通。对接防疫站、环保局等相关部门，核实养猪厂的环保情况和防疫情况，并查阅一年来与养猪场相关的环保报告、防疫数据等。同时，咨询动物养殖专家、环保专家，听取他们对养猪场的看法和建议，询问整改举措和治理对策。

第三，总结、报告。

把此次调研的情况、数据、影音资料等整理成详细、可靠的调研报告，如实上报存在的问题，并有针对性地提出整改措施。随后，及时回应群众的举报——如果真的存在问题，及时整改并让群众知晓；如果不存在相关问题，用检查数据等资料佐证事实，让群众放心！

8.3.5 主题：多特殊情况的活动的组织

实例

你所在的单位组织60岁以上的老人进行指纹采集，但实际工作中，有的老人身在外地，有的老人腿脚不便，组织工作困难重重。若领导将该工作交给你负责，你会怎么做？

作答思路

这是一道组织管理题和人际关系题的复合题。题目中需要组织的活动并不常见，所以需要具体情况具体分析。

具体逻辑：前期准备→有序组织→妥善收尾。

作答范例

面对题目中的情况，我将从以下几个方面入手开展工作。

首先，做好前期准备工作。

第一，收集辖区内60岁以上老人的信息，包括人数、家庭住址，以及腿脚不便的老人和身在外地的老人的具体情况。

第二，熟悉指纹采集流程和标准，熟悉采集工具和采集方式，避免出现问题，努力节省采集时间。

第三，通过微社区平台、微信群、电话、公告、广播等方式，将采集时间、批次、地点等信息通知到位。

其次，有序组织采集工作。

第一，针对普通老人，邀请他们到街道社区进行集中指纹采集，做好登记管理和现场引导工作。采集完成后，二次核对老人的家庭住址、年龄、身份证号等信息，确保采集信息的准确性。

第二，针对腿脚不便的老人，进行上门采集，提前联系其子女或监护人，告知采集时间，确保老人能够在家等待，配合完成上门采集工作。

第三，针对外地老人，对返乡时间等情况进行统计，安排其返乡后及时完成指纹采集。对于没有返乡打算的老人，通过异地办理等方式，进行异地采集，确保老人能够正常享受权益。

最后，完成后续整理工作。

根据实际情况进行信息录入、整理，对于不合格的信息，及时进行二次采集。同时，及时将整理后的信息录入系统。注意，在整理老人信息的过程中，务必妥善保护信息，避免信息泄露。

8.3.6 主题：场地／环境的使用改善

> **实例**
>
> 你所在的地区有一个文化中心，但是使用率很低，仅有一些老年人前去活动。针对这种情况，你认为应该如何着手改善？

作答思路

这是一道组织管理题，题目中有两个问题，一个是文化中心使用率低，另一个是文化中心吸引不到年轻人。按照事件处理流程，考生应先进行调研，了解问题，再针对具体问题进行处理，比如通过加强宣传、丰富活动形式等方式吸引年轻人。

具体逻辑：开展调研→解决问题→开展宣传。

作答范例

文化强则国强，文化自信对社会发展来说尤为重要。因此，我们必须提高政治站位，高度重视文化生活。

要想提高文化中心的使用率，吸引更多年轻人前往，我认为，应该做到以下几点。

首先，开展调研，深入了解相关情况。

通过实地体验，感受文化中心现阶段的设施质量、服务质量等，了解文化中心的运营现状。同时，访谈常去文化中心的老年人，了解他们对文化中心的评价。此外，使用调研问卷的形式，线上、线下广泛收集群众对当前文化中心的评价、建议，以及他们感兴趣的文化活动。

其次，根据调研结果，针对问题制订解决方案。

第一，加强培训，提高文化中心工作人员的服务质量和技能水平。比如，针对文化中心现有的电子阅读器、多媒体等文化设备，进行使用方法培训，提高工作人员的操作熟练度，进而提高设备的使用率。又如，通过培训提高工作人员的活动组织能力，为文化中心的文化活动开展提供有力支撑。

第二，完善文化中心的功能分区。盘点当前文化中心的设备、书籍，以及可用空间，将文化中心明确划分为老年区、青年区、少年区等，有针对性地设置各区域的文化展示内容，提高各功能区的服务水平，吸引不同年龄阶段的人群。

第三，丰富文化活动。广泛邀请志愿者，如各领域的专家、学者、爱好者，根据不同的主题，开展丰富多彩的文化活动。例如，邀请太空爱好者开展星空探索主题活动；邀请历史学者开展回溯历史主题活动……通过丰富多样的活动，吸引更多有着不同兴趣的群众。

最后，加强宣传，提高文化中心的知名度。

在完善服务、丰富活动的基础上，重点宣传文化中心的亮点内容，提高文化中心的知名度。利用官方媒体、门户网站，以及广播、电视、广告等形式，线上、线下全方位覆盖，提高文化中心的知名度，吸引更多群众。

8.3.7 主题：公益主题的宣传

实例

在中国，野生毒蘑菇中毒是出现频率较高的食物中毒之一。如果你所在单位的领导安排你负责"预防野生毒蘑菇中毒"相关宣传活动的组织，你会如何开展工作？

作答思路

这是组织管理题中的宣传题。题目已确定宣传主题为"预防野生毒蘑菇中毒"，故考生答题时要提到在前期准备工作中对毒蘑菇进行一些调查了解，具体宣传工作方面，可以要求专业人士配合宣传、促成线上线下联动宣传。

具体逻辑：前期准备→开展宣传→长效机制。

作答范例

组织相关宣传活动旨在增强群众的食品安全意识，我认为，至少需要做到以下几点。

首先，做好前期准备工作。

一方面，了解相关信息，包括误食野生毒蘑菇导致中毒的实例、野生毒蘑菇的种类、野生毒蘑菇的毒性等级等，并学习分辨野生毒蘑菇的技巧；另一方面，准备宣传材料，如传单、海报、短视频，并邀请专家、医生等相关专业人士配合此次宣传。

其次，全面开展宣传。

线上线下联动,全面推进相关宣传。

在线上,结合传统媒体与新媒体,通过展示主题视频、图片、文章等,用群众喜闻乐见的方式进行宣传,引起群众的重视。

在线下,一方面,在街道、商圈等人流密集的地方张贴海报、设置引导标语,并发放宣传单,扩大宣传覆盖面,优化宣传效果;另一方面,组织宣讲会,先由食品专家介绍毒蘑菇中毒实例、毒蘑菇的危害,并传授分辨毒蘑菇的技巧,再由医生讲解中毒后的自救方法、救助中毒者的方法等,同时播放相关实例视频、纪录片等,进行警示,增强群众的安全意识。此外,设置问答、互动环节,通过良性互动加深群众的印象,确保宣传效果。

最后,做好总结报道,建立长效宣传机制。

整理此次宣传活动的视频、图片,以及实例,进行专题报道,并形成系列报道,扩大宣传影响范围。活动结束后,考虑每年固定开展宣传周活动,巩固宣传效果,建立长效宣传机制。

8.3.8 主题:复合管理问题的解决

实例

你所在的城市是文明城市,但如今出现了很多小商贩,影响了市容。经了解,这些小商贩以下岗职工为主,需要"再就业",但距新市场建设完成还有较长的时间。如果你是该市的政府工作人员,被领导安排处理此事,你会如何做?

作答思路

这是一道非常规的组织管理题——小商贩的存在与市容市貌的整洁产生了冲突,但小商贩多为下岗职工,其就业问题和生活问题必须得到解决,与此同时,需要兼顾市容市貌的整治。根据题目,该城市有一个新市场在建,只是尚未建设完成,考生需要关注这一点,重点强调做好过渡工作,帮助小商贩进入新市场。

具体逻辑:开展调研→解决问题→妥善收尾。

作答范例

民生无小事,枝叶总关情。我们既要妥善解决小商贩的就业、生活等民生问题,又要兼顾市容市貌的整治。我认为,处理此事,至少要做好以下几项工作。

首先,做好摸底调研工作。

一方面,全面了解小商贩的数量、受教育程度、所具备的技能等关键信息;另一方面,掌握我市相关公司的情况、农贸市场的摊位状况,以及新市场的建设进度,确保心中有数。

其次,着力解决民生问题和市容市貌问题。

一是召开双选会,根据有下岗职工身份的小商贩的学历、技能及工作经验情况,积极联系相关企业,为这些小商贩提供就业机会,解决其经济来源问题。

二是采取分流安置措施,与附近的农贸市场合作,由政府补贴摊位费、管理费等,帮助小商贩获得摊位,实现过渡性安置。待新市场建成后,再根据这些小商贩的意愿进行二次安置。

三是划定区域并进行规范管理，明确经营种类、生产要求和环保标准。对于无法再就业和分流安置的小商贩，组织培训后，允许他们在规定的时间和区域内进行经营，作为过渡性安置举措。这样，既能解决他们的生活问题，又能维护市容市貌的整洁，实现平衡发展。

最后，安排小商贩顺利入驻新市场。

待新市场建成后，划定区域，提供摊位给这些小商贩，确保这些小商贩能够顺利入驻新市场，解决再就业问题。

在未来的工作中，我们应更加注重城市文明管理与人性化的平衡，让城市既文明有序，又充满人情味。

8.4 应急应变题演练

应急应变题的考查重点是考生面对突发情况、紧急事件时的应对能力、处理技巧。面对应急应变题，考生应重点关注以下答题要点。

（1）保持冷静、镇定

应急应变题，通常会描述一些突发情况、紧急事件，要求考生在高压环境中有迅速的反应，因此，保持冷静、镇定是至关重要的，这种状态能够帮助考生进行清晰的思考，进而合理决策。

（2）迅速分析问题

考生需要在规定的时间内迅速分析问题，明确问题的性质、严重程度、影响范围等，这有利于后续有条不紊地确定应对策略、采取应急措施。

(3) 制订应对方案

考生需要根据问题的分析结果,迅速制订应对方案,包括应急措施、资源调配、人员协调等内容,确保问题得到有效解决。

(4) 关注处理次序

面对紧急情况时,考生需要明确问题的处理次序,优先处理对安全、生命、公共利益等影响较大的问题。

(5) 灵活变通

执行应对方案时,考生需要根据实际情况进行灵活变通。如果原计划推进受阻,应及时调整应对方案,确保问题得到有效解决。

8.4.1 主题:项目内容临时更改

实例

> 临近项目提交时限,领导突然通知你项目内容需要进行大幅更改,对此,项目组成员怨声载道,有的人甚至直接拒绝进行更改。你是该项目组的负责人,面对这种情况,你会怎么做?

作答思路

这是一道应急应变题。面对应急应变题,考生最重要的工作是找到题目中需要解决的问题。在这个实例中,矛盾点一是项目内容临时需要大幅更改,矛盾点二是成员的情绪问题亟待解决。面对这两个矛盾点,要遵循"先情绪,后其他"的原则,先解决成员的情绪问题,再解决项目的内容更改问题。

具体逻辑：解决问题→落实更改→惩前毖后。

作答范例

面对这种情况，我认为，应该通过以下几个步骤进行处理。

首先，与领导进行深度沟通，详细汇报当前的项目进度，了解内容更改的具体要求和预期效果。通过沟通，仔细把握项目的调整方向，深入了解项目的更改细节，确保项目能够顺利推进。

其次，组织小组成员，召开项目研讨会，处理情绪问题。会上，先对同事们最近的工作成绩表示肯定，理解大家的负面情绪，强调更改内容会给项目推进带来一定的负面影响，但希望大家能够以工作为重，因为只有完成此次内容更改并确保项目按时推进，工作价值才能得以体现，抗拒更改是对自己和工作的不负责任；再与小组成员共同梳理工作进度，根据项目更改重点进行重新分工，比如，为重点、难点工作加派人手，力争按时完成任务。

再次，落实更改工作期间，发挥榜样作用，统筹规划、及时跟进，了解小组成员的工作情况，协助分析问题并给出建议，确保在规定时间内完成工作。

最后，完成工作后，及时对项目情况进行总结，反思不足之处。吃一堑，长一智，在后续的工作中，定期汇报工作进度和工作成绩，加强与领导的沟通，避免再次出现临时更改项目内容的情况。与此同时，着力提高团队的业务能力和应急能力，以便在面对突发事件、紧急事件时，能够及时调整工作方向，解决工作问题。

8.4.2 主题：活动舞台突然垮塌

实例

你是某大型外景活动的主要责任人之一。午休时间，工作人员全部离开活动场地后，已搭建好的舞台突然垮塌，面对这种情况，你会怎么做？

作答思路

这是一道非常典型的应急应变题。面对这种情况，考生需要头脑清楚地分析必须优先处理哪些问题。第一，舞台垮塌，必须立刻查看是否有人员伤亡，因为在同事们都离开的无人看守情况下，可能会有闲杂人等，尤其是儿童在舞台周围观看、玩耍。第二，评估舞台能否修复。作答时，要分别处理好不同情况。

具体逻辑：明确问题→组织抢修→惩前毖后。

作答范例

面对这种情况，我认为应该按照以下步骤进行应急处理。

首先，立即通知所有相关工作人员前往事故现场采取应急措施。到达事故现场后，第一步是检查是否有人员伤亡，如有，立即施救并联系相关单位给予配合，如拨打120、110；第二步是细致检查场地、设备的损坏情况，并根据实际情况进行妥善处理。

其次，根据不同情况组织现场抢修。

若舞台只是部分垮塌，尚可修复，立刻增派人手，加班加点地进行舞台修复工作，确保在活动开始前将舞台恢复到能够正常使用的程度（正式使用舞台前做好质检工作，确保舞台的安全性）。在抢修舞台的过程中，组织人员检查舞台设备能否正常使用，若设备存在问题，及时租借完好的设备。

若舞台垮塌严重，无法修复，立即着手寻找新场地，如当地的体育场、体育馆，并派人迅速前往新场地布置会场、调试设备。确定新场地后，及时做好通知工作和引导工作，通过官网公示、微信公众号通知，以及短信通知、电话通知等方式，确保每一位相关人员都能收到场地变更通知。此外，一边安排人员在原场地进行看管和引导，一边安排人员在新场地进行 24 小时值班，确保场地安全，避免突发事件的再次发生。

最后，认真总结发生此次事故的原因，包括人员疏漏、安装技术落后、设备老化等，惩前毖后。

8.4.3 主题：宣传活动报道出错

实例

你所在的单位组织了一次党史学习教育宣传活动，你负责该活动的摄影工作。活动结束后，你将所拍照片同宣传稿一起上传至单位网站，并没有注意到在这张照片的背景里，小李疑似在睡觉。小李发现后找到你，说你故意让他出丑，面对这种情况，你会怎么做？

作答思路

这是一道应急应变题和人际关系题的复合题,考生既要解决网站照片的问题,又要解决与小李的关系问题。因为问题照片继续挂在网站上可能会产生不良影响,所以此事不能遵循"先情绪,后其他"的原则处理,应当先对照片进行删除处理,再直面小李的情绪,解决与小李的关系问题。

具体逻辑:解决问题→稳定情绪→总结反思。

作答范例

面对这种情况,我认为应该按照以下步骤进行应急处理。

首先,果断撤下相关报道或将其设置为无法查看状态,防止问题进一步严重化。与此同时,认真查看相关报道的留言板,看是否有群众留言反映问题或进行讨论,及时把握舆情动态。

其次,如实向领导汇报此次错误,详细说明问题所在,并提出切实可行的解决措施,承诺妥善处理此事。如果尚未产生舆情,重新选取照片并进行文案审核,重新发布相关文章;如果已经产生了一定程度的舆情,在官网或原帖下及时回应,说明情况,展示多角度图片或视频,以证明小李是在记笔记而非睡觉,努力消除负面舆论。

再次,与小李进行沟通,郑重地表达歉意,说明自己深知这次工作的疏忽给他带来了困扰,向他说明选择这张照片的原因,比如清晰度高、能够体现会议主题,明确表示没有故意让他出丑的意思,真诚地请求他的谅解,并承诺将引以为戒,避免类似的问题再次发生。

最后，进行总结反思，比如，在今后的工作中更加严谨地行事，承担发文、宣传等工作时，严格落实多层审批、审核制度，确保内容质量。又如，加强学习，提升专业素养，以便更好地应对各种挑战和问题。

8.4.4 主题：所收报告多有抄袭问题

实例

领导将一项收集报告并进行汇总的工作交给你负责，你将报告收集上来后，发现存在互相抄袭的情况，严重的甚至只是改了改名字。面对这种情况，你会怎么做？

作答思路

这是一道应急应变题，需要解决的主要矛盾是"互相抄袭"。虽然根据题目要求，考生仅负责收集、汇总工作，但是针对这种情况，考生不应坐视不管，需要妥善处理，确保报告质量。

具体逻辑：明确问题→解决问题→总结反思。

作答范例

面对这种情况，我认为应该按照以下步骤进行应急处理。

首先，认真排查已收集的报告的抄袭情况。确认抄袭的严重程度，统计涉及的人员，并进行详细的记录。随后，根据统计出的名单，与同事们进行深入交流，了解抄袭原因，探寻抄袭背后的深层次问题。

其次，对于已发现有抄袭情况的报告，予以退回处理，并提供有针对性的帮助与解决方案。

若抄袭行为的出现是由于部分同事工作压力大、时间过于紧迫，可及时向领导汇报，说明当前的工作状况，以及同事们的压力状况，请求领导给予3天的时间作缓冲，以便同事们有充足的时间进行整改。领导同意后，及时告知相关同事，并提醒他们抓紧时间完成整改工作。

若抄袭行为的出现是由于部分同事能力不足或缺乏撰写报告的经验，可邀请单位内的资深同事或有丰富写作经验的同事分享他们的写作心得与技巧，并详细讲解如何处理报告中的细节问题。此外，可积极寻找线上写作培训课程，组织相关同事参加，提高其写作能力。培训后，指导相关同事对报告进行修改和完善。

若抄袭行为的出现是由于部分同事对报告的重要性认识不足，可明确强调此次报告的重要性，并告知相关同事，领导会对此次报告进行重点审查，抄袭行为将严重影响领导对其工作的认可度，不利于他们的职业发展。与此同时，可强调该报告是对近期工作的总结与复盘，提高相关同事对撰写报告的重视度。

最后，对修改后的报告进行再次收集、整理和汇总，确保抄袭问题得到彻底解决，并按照科室进行分类提交，供领导审阅。

在今后的工作中，可定期组织工作经验分享和工作技能培训的主题会议，促进同事间的共同学习和进步！

8.4.5 主题：座谈会危机

【实例】

你和同事一起去外地参加座谈会，该同事是座谈会的主讲人。会议开始之前，该同事突然胃痛难忍，面对这种情况，你会怎么做？

【作答思路】

这是一道应急应变题，考生需要明确自己面对的问题。第一个问题是同事胃痛难忍，第二个问题是会议主讲工作不好安排。遵循先急后缓的原则，要优先处理同事胃痛的问题，对他能否继续担任主讲进行假设。如果同事不能继续担任主讲，要分考生能担任主讲和不能担任主讲两种情况进行处理。

具体逻辑：稳定情绪→解决问题→总结反思。

【作答范例】

面对这种情况，我将采取以下措施进行应急处理。

首先，保持冷静，有序处理相关问题。一方面，我会迅速将同事送至休息室，请其暂时休息，并递上热水，缓解其不适感；另一方面，我会及时与主办方取得联系，说明当前情况，通过调整会议顺序或播放宣传视频等方式拖延一段时间，确保找到对应当下情况的最佳处理方式。在此过程中，我会通过沟通让主办方放心，保证会尽最大努力确保会议顺利进行。

其次，针对同事的具体情况进行分类处理。

如果同事的胃痛症状并不严重，我会外出购买一些缓解胃痛的药物，请同事服下，待其症状缓解后，安排其上场主讲。

若同事的情况较为严重，我会立即联系主办方，紧急将同事送往医院，先确保其生命安全与健康，再解决主讲问题。

在解决主讲问题方面，我将根据自身的经验和能力进行决策。

若我具备相关经验和能力，并已提前了解相关资料、熟悉发言稿，我会向主办方说明情况，主动承担主讲任务。在会议开始前，我会仔细研究相关资料和发言稿，以确保座谈会的顺利进行。

若我作为新人，缺乏主讲经验，我会及时向领导汇报情况，并邀请之前与我们共同准备座谈会资料但未出差的同事担任线上主讲。我会尽快将所准备的资料和发言稿发送给该同事，并与主办方协调好投影和视频设施，通过线上连线的方式协助其进行主讲。同时，我会在线下配合完成发放资料、调试设备等工作。

最后，在会后，我会前往医院探望并照顾胃痛的同事，助其早日康复。同时，我会认真总结此次事件的经验教训，在今后的工作中提前做好应急预案，避免类似情况再次发生。此外，我会不断提高自己的工作能力和综合素质，以便更好地应对紧急事件，为公司的发展贡献自己的力量。

8.4.6 主题：宣传失误

实例

你负责单位的公众号发布工作，在一次未经允许的情况下，误发布了初稿，而初稿中有一些错误，发布后引起了群众质疑。面对这种情况，你会怎么做？

作答思路

这是一道应急应变题，考生需要准确识别矛盾、解决问题。针对这道题中的情况，考生需要先撤下稿件，并发表声明回应舆情、消除影响，再对稿件进行修改，经审核后重新发布。

具体逻辑：解决问题→落实更改→惩前毖后。

作答范例

发错稿件，可能导致负面舆情出现，面对这种情况，我认为应该按照以下步骤进行应急处理。

首先，迅速撤下错误稿件，密切关注政府留言板、投诉渠道等处的群众反馈，了解舆情动态。与此同时，及时向领导报告相关情况，详细说明已经出现的负面舆情，主动承认错误，并提出相应的弥补措施。在领导了解相关情况后，认真倾听领导的处理建议，并向其承诺会全力以赴地做好应急处理工作。

其次，积极回应舆情，总结问题并多渠道发布公告，说明发错稿件的原因，表示诚挚的歉意。与此同时，根据实际情况，点对点地答复群众的问题，尽力消除负面舆情。

再次，对初稿进行修改、审核，提高稿件质量，确保稿件准确、合理。

最后，进行反思、总结，增强规则意识，确保日后以严谨、细致、认真的态度对待工作，加强对工作流程、规章制度的学习和实践，不断提高自己的业务能力和服务质量，避免类似的事情再次发生。

8.4.7 主题：会议设备异常

实例

视频会议开始前，会议设备突然出现问题，如果你是该视频会议某分会场的组织者，面对这种情况，你会怎么做？

作答思路

这是一道应急应变题。面对类似的问题，切忌贸然提出调整会议时间的解决办法，一定要根据不同的情况进行分析与处理。考生可以分两种情况进行假设，其一，设备没有及时更新，导致与目标软件不兼容；其二，设备零件损坏，确实无法继续使用。多管齐下，把事情处理好。

具体逻辑：明确问题→解决问题→总结反思。

作答范例

面对会议设备突然出现问题的情况，我认为应该按照以下步骤进行应急处理，确保会议顺利进行。

首先,对设备的故障原因进行排查。检查设备的各项功能,尝试重启设备,若设备仍无法正常使用,进一步检查是否因软件未及时更新导致出现兼容性问题或硬件故障。

其次,确定原因后,针对不同类型的故障,制订相应的解决方案。

若设备故障为软件兼容性问题,可立即采取行动,通过升级软件、更新设备系统等方式进行应急处理,保证会议顺利进行。

若设备故障为设备硬件问题,需要第一时间更换设备硬件,可及时和主会场沟通,说明情况并延迟连线。与此同时,及时联系后勤部门,寻找替换的设备硬件或备用设备。更换设备硬件或调用备用设备时,可安排播放宣传视频、发放会议资料等,维持会议的正常秩序。

若设备已整体瘫痪,无法使用,可立即与主会场联系,说明情况,协调、更改分会场的会议时间。若分会场参会人员有发言需求,可与主会场协商,酌情调整发言顺序,与此同时,迅速组织后勤部门寻找、更换场地,尽快接入主会场。

最后,对本次应急处理过程进行总结和反思。一方面,今后组织会议时,提前检查设备,确保其能够正常使用;另一方面,制定更为完善的应急预案,以应对可能出现的突发情况。

总之,在未来的工作中,我将不断提高自己的专业能力,以便在紧急情况下更好地解决各种问题。

8.4.8 主题：工作人员消极工作

【实例】

你所在的单位组织召开了一个旅游发展大会，会议中，部分工作人员反映会议志愿者工作态度消极，并且有不满情绪。若你是该旅游发展大会的负责人，面对这种情况，你会怎么做？

作答思路

这是一道应急应变题，题目说明了会议志愿者工作态度消极且有不满情绪这一情况，但没有给出原因。面对这种情况，考生可以合理地假设原因。会议志愿者有不满情绪，说明会议组织有一定的问题，可以从这个角度切入，提出对策。

具体逻辑：明确问题→解决问题→惩前毖后。

作答范例

作为此次大会的组织参与人员，会议志愿者出现情绪问题，将直接对大会的服务质量产生负面影响。面对这种情况，我认为应该按照以下步骤进行应急处理。

首先，加强与工作人员的沟通，详细了解当前情绪问题的范围、人员等具体情况。与此同时，主动与会议志愿者沟通，了解其产生情绪问题的真实原因，确保对问题有全面、准确的认识。

其次，针对问题原因，采取相应的解决措施。

若情绪问题源于分工不合理导致会议志愿者工作压力过大、负担过重，我将根据会议志愿者的人数和工作需求进行重新分工，确保各岗位有足够的人员配备，避免出现一人多职或岗位冗员的情况。

若情绪问题源于后勤工作不到位导致会议志愿者无法及时享受基础保障，我将立即组织整改，严肃追责，增加起居、饮食等福利保障方面的投入，确保会议志愿者能够得到及时的修整、能量补充。

若情绪问题源于工作人员对会议志愿者缺乏尊重，我将组织召开批评整治会议，强调会议志愿者工作的重要性，让工作人员摆正心态，不要把志愿者当下属。

若情绪问题源于会议志愿者对工作制度、待遇等不了解，我将召开工作解读和动员大会，明确说明情况和管理制度，消除会议志愿者心中的疑虑、不满。

最后，持续关注并及时处理可能出现的问题。一方面，加强后勤保障，确保后勤工作质量，并合理制订计划，确保会议志愿者分工合理；另一方面，加强岗前培训，确保会议志愿者合规上岗。

我坚信，通过以上努力，能够妥善解决此次会议志愿者的情绪问题，确保旅游发展大会圆满召开。

8.4.9 主题：直面工作失误与损失

> **实例**
>
> 小李来××地投资农业生产，承包土地、种植农产品，没想到作物成熟之后，许多村民来偷采，给小李造成了诸多损失。你是××地的政府工作人员，若小李向你求助，你会怎么做？

作答思路

这是一道应急应变题，考生需要准确识别矛盾、解决问题。针对这道题，考生需要先采取措施，解决小李持续被偷采的问题，再尽量追回损失、弥补损失，最后做好总结反思工作。

具体逻辑：稳定情绪→解决问题→总结反思。

作答范例

面对小李的求助，我认为应该按照以下步骤进行应急处理。

第一，安抚小李的情绪并了解情况。一方面，向小李表示诚挚的歉意——因为未能及时发现问题导致他的利益受损；另一方面，代表村民向小李道歉，即为他们的行为给小李带来不便和损失表达深深的歉意。与此同时，详细了解小李被偷采的情况，向他保证政府将认真对待此事，积极解决问题，请他放心。

第二，采取行动，弥补损失。一方面，请示领导，并联合相关部门及村委会代表，对当前情况进行实地调研，了解受损情况并查明偷采村民，阻止偷采行为；另一方面，根据调研结果，组织村民大会、入户宣传等活动，宣传相关法律制度，强调问题的严重性，并说明农村营商环境改善的积极意义，强化村民的法律意识，促使他们认识到自己的错误。

第三，联合相关部门，开展行动，追回损失。一方面，通过合法合规的程序，广泛动员村民主动交出偷采所得；另一方面，组织人员深入农户家中，追回被偷采的农产品，努力弥补小李的损失。对于执迷不悟、知错不改的村民，不再顾及情面，一经发现，依法严惩。

第四，积极向相关部门咨询是否有惠农助农政策，争取通过政策补贴或补助弥补小李的损失。与此同时，努力为小李争取金融方面的支持，以无息贷款或低息贷款的方式盘活企业的运营资金，减轻其经济压力。

第五，做好总结反思工作。加强日常巡查、监管，确保农产品企业的安全，并进一步优化营商环境，使投资人能够在这里安心投资、踏实经营。

总之，我们将多管齐下，防止类似问题再次发生。

8.5 人际关系题演练

人际关系题的考查重点是考生的人际交往能力、问题处理能力，以及沟通技巧。面对人际关系题，考生应重点关注以下答题要点。

（1）理解问题背景

考生需要充分理解问题背景，包括涉及的人物、事件、矛盾点，这有助于考生准确地把握问题核心，给出合理的解决方案。

（2）保持冷静和客观

处理人际关系问题时，考生需要保持冷静和客观，避免过于情绪化。理性分析问题，多角度入手优化解决方案，有助于提高问题的解决效率。

（3）积极沟通

积极沟通是处理人际关系问题的关键。面对人际关系题，考生需要展现良好的沟通能力，包括倾听、表达、反馈等，表达对对方的尊重、理解，寻求双方都能接受的解决方案。

8.5.1 主题：处理工作合作问题

实例

你和小王是同事，小王非常喜欢在领导面前表现自己，经常"抢"任务，但承担的工作任务太多，自己根本做不完。见你的工作任务少，小王经常叫你去给他帮忙，面对这种情况，你会怎么做？

作答思路

这是一道人际关系题。考生的帮忙，是在助力小王实现在领导面前表现自己的目的，这种帮忙是有问题的——小王完成不了工作任务，背后可能存在小王能力不足或任务责任不清等问题，考生要注意解决问题。题目中提到了考生的工作，这里需要注意，考生自己的工作任务虽然少，但是要做到极致，不能马虎了事。

具体逻辑：端正心态→解决问题→提出对策。

作答范例

面对这种情况，我认为应该按照以下步骤进行处理。

首先，调整心态。一方面，帮助同事是我们的责任；另一方面，工作不仅是完成任务的过程，更是磨砺自我、解决问题的过程，这有助于我们增长才干，对自我成长具有积极意义，因此，当同事向我求助时，我会积极伸出援手。

其次，加强沟通。观察到小王喜欢在领导面前表现自己，经常"抢"任务，但自己根本做不完，我认为这反映出他在工作中存在一些问题。因此，我会主动与小王沟通、交流，帮助他直面在工作中遇到的困难和挑战。

如果小王存在工作能力上的不足，如工作效率低下、工作质量欠佳，我将与他分享我的工作经验，帮助他认清不足之处并明确改进方向。如果小王的能力没问题，只是"抢"的任务量超过了他能承受的水平，导致完不成，我会与小王沟通，明确指出他的任务规划不合理，在紧急情况下，或同事无法协助时，他的任务难以完成，超时风险过高，这将对他个人和单位的整体工作进度产生负面影响，帮助他合理规划工作，保持积极的工作态度，拒绝能力范围外、计划外的工作。

最后，关注自我提升。一方面，我会认真对待自己的本职工作，虽然工作量不大，但是我会精益求精，追求完美，通过高质量完成工作任务，展示自己的能力和价值；另一方面，我会继续乐于助人，积极帮助同事解决问题，同时在工作中不断磨炼自己，积累经验，努力成为工作标兵、多面手。

综上所述，我将通过调整心态、加强沟通、关注自我提升等方式应对当前情况，在工作中取得更好的成绩。

8.5.2 主题：处理利益冲突问题

实例

你所在的单位有一个进修名额，机会非常难得。领导计划安排你去进修，但是同事老张找到你，说错过这次进修，他以后就没有进修机会了，想让你把这次机会让给他。面对这种情况，你会怎么做？

作答思路

这是一道人际关系题，题目中的矛盾非常明显，即考生是否应该把进修机会让给同事老张。面对这种问题，无非是两个选择："让"或"不让"。给出充分的理由说服考官即可。

具体逻辑：明确观点→多角度论述→提出对策。

作答范例

面对老张的诉求，我会在认真倾听并理解他的想法后，根据实际情况做出选择。

首先，如果此次进修是领导指定的，且此次进修与以往不同，能够对我所负责的工作产生积极影响，我会向老张坦诚地说明情况，并表达歉意。比如，我会告诉他，我也很需要这次进修机会，并承诺进修后将所学的知识与他和其他同事共享，共同进步。

其次，如果经过了解，此次进修还有名额，我会主动向领导反映情况，并大力推荐老张。我会肯定老张的工作表现，并努力让领导看到他的工作亮点，将其纳入考虑名单。与此同时，我会建议老张主动争取其他进修名额，实现双赢。

最后，如果经过综合考虑，此次进修与常规进修并无太大区别，且每年都有固定名额，我会在权衡利弊后，考虑将这次机会让给更需要它的老张。我会向领导表达我的歉意，并说明实际情况及我的考量。我会强调，我的放弃并非因为老张的私人请求，而是基于团队需要像老张这样经验丰富的老成员进一步提升，以增强团队的干劲和技能水平的考虑，希望领导理解并支持我的决定。

无论我是否让出名额，我都会一如既往地努力工作，同时认真对待同事关系，继续发扬乐于助人的精神，积极传授经验技巧，学习前辈的优点和长处，实现共同进步。

8.5.3 主题：帮助同事处理人际关系

实例

小李是新人，但毫不"低调"，喜欢在工作中高谈阔论。小李的行事作风引起了部分资深同事的反感，纷纷疏远他。如果你是小李的同事兼好友，面对这种情况，你会怎么做？

💡 作答思路

这是一道人际关系题,题目中有两个需要解决的问题,一个是小李的习惯问题——小李喜欢高谈阔论,毫不"低调";另一个是资深同事的态度问题——部分资深同事反感、疏远小李。考生应先解决小李的习惯问题,帮其认识到过于张扬的危害,再解决资深同事的态度问题、小李与同事之间的关系问题,帮其通过展示工作能力,赢得同事的认可。

具体逻辑:端正心态→解决问题→惩前毖后。

📖 作答范例

作为小李的朋友,我很想帮助他走出困境,并认为可以从以下几个方面入手进行尝试。

首先,通过深入沟通帮助小李端正心态。我会选择适当的时机与小李交谈,肯定他的工作能力和工作热情,同时指出,作为新人,他确实有不足之处——虽然他拥有丰富的理论知识,但在实际工作中,由于缺乏实践经验,他的理论应用往往脱离实际和当前的工作环境;他的某些高谈阔论看似能够展示口才,但实际上缺乏实践检验和调研支撑,会使同事产生反感情绪并疏远他。我会努力帮助小李正视自己的问题,认清自己的短板,带着求知的心态,不断学习和进步。

其次,我会建议小李努力改善与同事的关系。一方面,他可以通过提高工作能力赢得同事的认可,具体而言,他可以深入基层,不断磨炼自己，将理论知识与实际工作结合，发现问题并寻找更有效的解决问题的方法，这样，不仅能够提高工作效率，还能用实际工作成果赢得同事的尊重和认可；另一方面，他可以积极融入团队，带着谦卑的心态，在空闲时间帮助他人，做一些力所能及的事情。与此同时，真诚待人，尊重所有同事，积极参与团队活动也有利于更好地融入团队、建立良好的人际关系。

最后，我会告诫小李，在以后的工作中，要始终保持谦卑的心态，正视自己的不足，虚心接受他人的评价，甚至批评，因为面对建议和意见，只有认真倾听并加以改正，才能持续进步。

如果能够做到以上几点，小李应该能不断成长、进步，取得更大的成就。

8.5.4 主题：直面同事对自己的抱怨

实例

某同事有事请你帮忙，可是你也做不到，就拒绝了，没想到，这位同事认为你是不肯帮忙，故经常向其他同事，甚至领导抱怨此事，让你深受其扰。面对这种情况，你会怎么做？

作答思路

这是一道人际关系题。通过题目，我们能够直接看到考生和某同事之间的矛盾，但实际存在的矛盾可能不止于此——该同事的抱怨，可能会影响更多的同事和领导对考生的看法。此外，考生应关注到自己面对这些事情时的难受心情。按照先易后难的处理次序，考生应先处理自己的心情问题,再与有矛盾的同事沟通,解释、消除误会,最后通过自己的努力,赢得更多同事和领导的认可。

具体逻辑:端正心态→解决问题→惩前毖后。

作答范例

面对这种情况,我认为应该按照以下步骤进行处理。

首先,调整自己的心态,平复内心的情绪波动,以积极正面的态度看待此事。一方面,理性地分析问题,深入了解与同事产生误会的原因,努力寻找解决问题的途径;另一方面,努力消除误会带来的负面影响,避免消极情绪对工作产生干扰。

其次,站在对方的角度看问题。一方面,侧面了解同事抱怨的具体理由和表述,以便更好地了解他的心态;另一方面,反思自己与同事沟通时是否存在语言或行为上的不当之处,导致对方产生误解。

再次,主动与同事进行沟通,说明之前未能及时提供帮助的原因,并表达遗憾和歉意。一方面,坦诚地告诉对方自己的工作能力和业务水平有限,对方询问的问题超出了自己的能力范围,因此无法给予帮助;另一方面,针对当时沟通不畅的情况,解释自己的为难之处,通过沟通消除误会,避免负面影响不断扩大。

最后,以此次事件为鉴,提高自己的工作能力和业务水平。一方面,努力学习业务知识,提高自己的专业素养,以便在工作中更好地帮助同事解决问题;另一方面,提高自己为人处世的能力,避免因沟通不畅导致更多误会的出现,且日后与同事沟通时,更加注意方式、方法,确保表达无歧义。

在未来的工作中,我将更多地依靠自己的专业知识和积极的工作态度推进工作,主动承担责任,用良好的成绩赢得同事和领导的认可。我相信,通过不断努力和改进,我能够逐步走出当前困境,有更好的职业发展。

8.5.5 主题:直面同事对单位的抱怨

实例

入职新单位后,你发现有个同事是你的校友,但该同事负面情绪满满,总是抱怨工作、抱怨单位。面对这种情况,你会怎么做?

作答思路

这是一道人际关系题。面对题目中的情况,考生一定要认清自己的身份。作为新人,应保持积极工作的热情,亲自了解实际工作情况;作为校友,一方面要给对方以尊重,另一方面要积极帮助对方解决问题。

具体逻辑:端正心态→解决问题→提出对策。

作答范例

作为新入职的工作人员,我深知自己对工作环境和工作内容了解不深。面对有校友关系的同事,我会用客观、理性的态度,从以下几个方面着手处理相关问题。

首先,端正心态。作为新人,我深知不能因为同事的只言片语轻易改变自己的初心与热情。面对不熟悉的情况,我会谨慎、细心,不轻信同事的言论,提前做好艰苦奋斗的准备,主动融入工作环境,通过实际工作过程中的亲身体悟,逐步加深对工作的理解。

其次,积极帮助同事解决问题,助其脱离困境。面对同事的抱怨,我会与其深入沟通,寻找问题的根源。如果对方是工作能力出现问题,如未及时掌握新的工作工具或方法,我会主动推荐相关线上课程,并与其共同学习、交流工作方法、提高业务能力;如果对方是工作态度出现了问题,我会主动指出并说明其当前的工作态度已不适应工作要求,无法得到群众和领导的认可,引导同事反思自身问题,重新认识工作,找回理想和初心,努力激发其工作热情和斗志;如果对方因工作太忙无法照顾家庭而产生情绪问题,我会向其说明,只有提高工作能力和工作效率,才能腾出更多的时间照顾家庭,并强调公私分明的重要性,提醒同事不要让生活情绪影响工作。

最后,树立远大的理想目标,明确前进的方向。在未来的工作中,我将不忘初心,努力提高工作能力,在面对困难时迎难而上、攻坚克难,努力为单位的发展贡献自己的力量!

8.5.6 主题：处理合作同事的工作进度问题

实例

领导安排你与小王共同完成某项工作，若小王做事效率低，影响了工作进度，你会怎样与小王沟通？

作答思路

这是一道人际关系题。题目点明的矛盾是小王做事效率低，但未说明小王做事效率低的原因。考生可以通过进行合理假设解决问题。

具体逻辑：明确问题→解决问题→总结反思。

作答范例

面对这种情况，我认为应该按照以下步骤进行处理。

首先，主动与小王进行深入沟通。我会肯定他近期工作中的亮点和显著进步，特别是在某些工作处理上的出色表现，同时明确指出他工作进度缓慢的问题，分析该问题对整个项目进展的影响。我会向小王强调此项工作的重要性，并说明工作进度缓慢不仅会对整个项目的推进产生负面影响，还会引起领导对他能力的质疑，与他一起探讨出现问题的原因，共同寻找解决之道。

其次，根据出现问题的原因，采取相应的解决措施。

如果出现问题的原因是小王在处理相关工作方面缺乏经验，我会提供自己的工作日志、工作报告，以及其他优秀前辈的工作日志供他参考，并主动分享自己的工作经验、心得，告诉他如何提高工作效率、如何更充分地利用办公软件等。

如果出现问题的原因是工作分工不合理，我将及时审视当前的工作分配情况，进行重新分工，确保根据每个人的特长分配任务，提高整体工作效率。

如果出现问题的原因是小王的工作计划不合理，我会协助他梳理手头的工作，遵循"先急后缓、先易后难"的原则，为他制订合理的工作计划，供他参考。这样一方面可以确保问题依次解决，另一方面可以帮助他提高工作效率。

最后，反思和改进。我会不断提高自己的工作能力，全面了解部门业务和工作流程，并不断学习理论知识，使自己成为多面手。

在未来的工作中，我会更加主动地帮助同事，及时关注他们的心理状态和工作状态，在能力范围内主动伸出援手，与合作伙伴一起进步。

8.5.7 主题：处理同事对自己的"针对"

实例

你在领导面前指出了同事的错误，领导严肃批评了该同事，没想到该同事对此愤愤不平，后来处处和你作对。面对这种情况，你会怎么做？

作答思路

这是一道人际关系题，题目中的矛盾非常明显——"我"在领导面前指出了同事的问题，导致同事在工作中和"我"作对。由此可见，问题是"我"引起的，虽然初衷是好的，但是方式欠佳，让同事难以接受。面对这道题中的情况，考生需要主动化解矛盾，团结同事。针对同事被领导批评这件事，考生需要主动帮助同事改变其在领导心目中的形象。

具体逻辑：主动沟通→解决问题→惩前毖后。

作答范例

我的初衷是纠正同事的错误，促进工作的顺利开展。然而，由于沟通方式和时机选择不当，同事不仅未能认识到自身的错误，还有偏激的行为，给领导留下了更不佳的印象。这一切，皆因我之失误所致。为了修复与同事的关系，促进工作的顺利开展，我将采取以下措施。

首先，主动向同事表达诚挚的歉意。对于他在工作中表现出的对立态度以及对我的"针对"，我将寻找合适的时机，以谦逊的姿态，向他说明我当时的出发点，并针对未能充分考虑他的感受，给他带去了不良影响表示歉意。争取通过道歉，消除误会，赢得谅解。

其次，与同事坦诚交流，指出问题。我会对同事的负面情绪及其对我的看法表示理解，但强调在工作中我们必须坚守职责、遵循规范，他的不配合行为不仅影响个人工作质量，还妨碍整体工作进展，这种缺乏大局意识和担当的行为会对单位整体工作和形象造成负面影响，希望他能够重视这一问题，改变态度。与此同时，我会承诺在后续工作中与他进行良好的合作，期待他不计前嫌，与我携手共进，共同推动工作。

最后，吸取教训，严以律己。在阶段性汇报工作时，我会主动提及他的贡献和进步，努力改善领导对他的看法，减轻之前事件的影响。与此同时，在未来的工作中，我将更加关注沟通方式的选择和沟通时机的把握，确保以最佳方式、在最佳时机与同事沟通。

总之，我将努力修复与同事的关系，促进工作的顺利开展。相信通过坦诚交流、严以律己的工作，我们能够共同克服困难、共同进步。

8.5.8 主题：处理新同事的态度问题

实例

你所在的单位来了一位新同事，刚开始，你们的关系非常好。随着时间的推移，该同事的工作能力逐步提高，经常得到领导的表扬，慢慢地，该同事开始对你"指手画脚"。面对这种情况，你会怎么做？

作答思路

这是一道人际关系题。面对这道题，考生需要认清身份：单位老员工。答题时，考生需要重点关注新人的问题：能力提高后，他的态度出现了转变。题目中没有明确说明原因，所以作答时需要先合理假设原因，再根据原因提出对策、解决问题。无论新人是什么态度，考生都要有前辈的姿态，包容、理解、给出指导，并且注意处理方式。

具体逻辑：端正心态→解决问题→总结反思。

作答范例

面对这种情况，我认为应该按照以下步骤进行处理。

首先，端正心态，深入剖析原因。

我将保持冷静，直面问题——在新人的成长过程中，难免会遇到各种问题，此时，前辈的真诚指正至关重要。与此同时，我会进行深刻反思，审视新人针对我提出的种种意见是否客观、正确。为了更全面地了解情况，我将积极与同事、领导交流，通过询问他们的意见及观察新人的表现，探寻双方关系发生变化的真正原因。

其次，解决问题。

若新人存在态度问题，我会选择与他进行私下交流。在肯定他近期工作成绩的同时，委婉地指出他态度上的问题，并强调过于浮躁的心态不利于他的个人发展。为了让他深刻认识到问题的严重性，我会通过引用典故，如"程门立雪""骄兵必败"，让他体会谦卑的重要性。

若问题出在我身上，我将正视并勇敢面对。我会向新人表达感谢，并与他进行深入沟通，共同探讨解决问题的方法。与此同时，我会虚心学习他真诚待人、勇于指出问题的精神，不断提高自己的业务水平。

若我们之间存在误会，如因年龄差异过大导致沟通障碍的出现，我会主动加强与他的沟通，并建议他在与同龄人或前辈沟通时能够更加谦卑、友好，因为这样不仅有助于我们互相理解和包容，还有助于他更好地与同事相处。

最后，总结反思。

一方面，我会学习新人身上的优点，不断提高自己的工作能力；另一方面，我会用虚心、谦卑的态度，认真听取他人的意见、建议，不断提高自己的公共服务能力，以便更好地应对未来的挑战。

8.5.9 主题：帮助同事处理工作情绪

实例

领导安排你和同事小李一起出差，但小李表示自己还有需要在单位内处理的工作没处理完，且家中有人需要照顾，出差积极性不高。面对这种情况，你会怎么做？

作答思路

这是一道人际关系题，考生需要重点解决两个问题，一个是同事的工作问题，另一个是同事的家庭协调问题。题目中并没有交代同事的工作情况和家里的实际情况，这给了考生适当假设的空间——假设工作是能带走处理的或者交接出去的、假设家里的事情可以找别的家庭成员处理。

具体逻辑：主动沟通→解决问题→总结反思。

> **作答范例**
>
> 面对这种情况，我认为应该按照以下步骤进行处理。
>
> 首先，分别与领导和小李进行沟通。一方面，我会与领导进行深入沟通，了解此次出差的主要任务、工作的重要性和其他相关事宜，以便全面把握出差的背景和要求；另一方面，我会与小李进行深入交流，详细了解他的实际工作情况和家庭状况，以及他对于出差的情绪和态度，通过交流，获知小李能否出差，并了解应该如何帮助他处理当前面临的具体问题。
>
> 其次，针对小李的工作，我会根据具体情况采取相应的解决措施。
>
> 如果工作可以异地处理，我将与小李共同整理、备份相关资料，确保工作顺利推进。与此同时，我会尽我所能为小李提供支持和帮助，确保他能够顺利完成出差期间的工作任务。
>
> 如果工作无法异地处理，我会向小李强调此次出差的重要性，建议他与工作搭档进行交接，说明工作进度，同时配合他完成交接工作，尽量保证出差和单位内的工作均能顺利推进。
>
> 再次，对于小李的家庭问题，我会根据具体情况提出解决方案。
>
> 如果小李的家属可以由其他家庭成员或医护人员照顾，我会向他说明此次出差的重要性，建议他委托其他家庭成员或医护人员代为照顾。同时，我会鼓励小李将此次出差视为调整状态的机会，休整后更好地面对家庭与工作的双重挑战。

如果小李确实没有家属可委托，我会表示理解，并主动与小李一起向领导说明情况，推荐其他同事与我一同出差。在领导作出决策后，我会积极配合做好出差人员的调整工作。

最后，进行总结和反思。在以后的工作中，一方面，我会提前了解同事的工作情况，关心他们的需求和困扰，并及时提供建议和帮助；另一方面，我会不断提高自己的工作能力、工作效率和工作质量，努力成为一个能够独当一面的业务骨干。

通过妥善处理此事，我相信日后我能够更好地应对类似问题，为团队的和谐与发展作出更大的贡献。

8.5.10 主题：帮助同事摆正工作态度

实例

你所在的单位新来了一位同事，大家称呼他为小李。小李衣着浮夸，平时会戴很多饰品，不利于开展工作。面对这种情况，作为他的同事，你会怎么做？

作答思路

这是一道人际关系题，题目中的矛盾一目了然——解决小李衣着浮夸的问题。考生可以先动之以情，说明衣着浮夸不利于开展工作，再晓之以理，说明单位关于服装的规章制度，最后提出对策。

具体逻辑：明确表态→解决问题→提出对策。

作答范例

虽然当前社会进步迅速，人们的穿衣风格日益多变，但作为基层干部和公务人员，我们仍需要注重着装。

对于题目中的情况，我会与小李进行深入沟通，改变他对日常着装的看法。

首先，我会动之以情，表达对他穿衣自由的认同，理解他追求个性、佩戴装饰的行为习惯，并肯定他的穿衣风格是符合他的性格特点的，同时明确指出，在工作中，选择服饰必须考虑身份，应素雅大方，不可违背常规的审美标准，以免损害公务队伍的形象，且服饰过于浮夸可能导致群众对他产生不良的第一印象，认为他性格不够稳重、经验不足，不利于他工作的顺利开展。

其次，我会晓之以理，向小李说明当前公务人员的着装要求，比如，服装应合乎身份、朴素大方，不能随心所欲，并告诉小李，我们不能过分追求个性、不顾规定，否则可能会引起同事和领导的质疑，对未来的工作、考核产生负面影响，此外，配饰过多可能在外勤或其他工作中影响我们的行动，存在安全隐患。

最后，我会给小李一些建议，根据他的消费水平及工作环境，给他推荐几个适合工作时穿着的品牌和款式，建议他在业余时间随意搭配，展现自己的个性，但在工作中重视服装的得体性，维护公务人员的形象。

通过采取以上措施，我相信能够改变小李的穿衣习惯，使他的衣着更加符合公务人员的身份要求，展现良好的职业形象。

8.5.11 主题：直面工作中的委屈

实例

领导安排你和同事老李合作完成某项工作，你的工作习惯是严谨、认真，而老李工作时经常懒散、粗心。在工作推进过程中，领导因为老李犯的错误批评了你，面对这种情况，你会怎么做？

作答思路

这是一道人际关系题，题目中有两个矛盾，一个是正确面对错位的批评，另一个是解决同事的不良工作习惯问题。面对批评，考生应该选择虚心接受，不要急于狡辩；面对同事的不良工作习惯，考生可以选择利用检查机制加以警示。

具体逻辑：端正心态→解决问题→总结反思。

作答范例

面对这种情况，我认为应该按照以下步骤进行处理。

首先，端正心态，虚心接受领导的批评。

对于领导的批评，我会认真倾听并详细记录，同时向领导表达诚挚的歉意。老李犯了错误，作为团队的一员，我未能给予及时的提醒和纠正，确实应该承担一定的责任，因此，我会明确当前的工作重点，深入查找工作中存在的问题，努力弥补之前的错误，并向领导作出明确的承诺。

其次，着手解决问题。

针对老李的懒散问题，我会认真强调此项工作的重要性，向他说明这一项目是部门未来工作的基础，必须高度重视并认真完成本职工作。同时，我会提醒他此项工作的完成情况将影响同事和领导对他的评价，且工作成果将被纳入考核，希望他能够端正态度，认真对待。此外，我会协助他梳理当前的工作，制订每日计划，确保工作能够有条不紊地完成。

针对老李的粗心问题，我会主动查找工作中容易出现的错误点，关注细节处理，并根据实际情况为老李制订复检计划，确保他在工作完成后能够按照计划检查细微之处，避免再次因粗心犯错。同时，我也会定期对老李的工作进行检查，及时发现并纠正错误，帮助他解决粗心的问题。

最后，进行总结和反思。

解决老李的问题后，我们会共同努力，将工作完成得更好，弥补之前的错误，并努力避免类似问题的再次发生。在未来的工作中，我将不断提高自己的能力和水平，重视细节处理，使自己能够早日独当一面、统领全局。同时，我会密切关注同事的情况，包括精神状态、工作效率等，及时给予他们必要的帮助和建议，促使团队共同进步。

8.5.12 主题：直面资深同事的"不耐烦"

> **实例**
>
> 面对刚进入单位的新同事，某单位的资深同志有态度不好、指导不耐心等问题。若你是刚进入该单位的新人，面对这种情况，你会怎么做？

作答思路

这是一道人际关系题，题目已为考生指明了身份，即"单位新人"，同时指明了矛盾，即"资深同志有态度方面的问题"。面对这种情况，需要有共情心理，不能直接认为是资深同志的错。考生应先进行反思，探寻出现这种问题的原因，再根据原因解决问题，惩前毖后。

具体逻辑：端正心态→解决问题→惩前毖后。

作答范例

面对这种情况，我认为应该按照以下步骤进行处理。

首先，进行自我反思。一方面，我会端正心态，不因资深同志的态度不佳而耽误工作，更不因此产生畏难情绪；另一方面，我会深入反思，寻找出现问题的原因，包括审视自己在沟通方式、工作态度、工作能力等多个方面是否存在问题，并思考这些问题是否可能正是导致资深同志态度不佳的罪魁祸首。

其次，根据分析出的原因，有针对性地解决问题。

如果问题出在我们询问的问题过于简单,浪费了资深同志的时间上,我将通过自我学习,全面了解部门的规章制度,尽快掌握高效工作方法,同时积极组织新同事进行讨论,一起寻找解决问题的方法,互相学习,取长补短,减轻资深同志的答疑负担。

如果问题出在我们询问问题的时间不当,总是在资深同志忙碌的时候打扰对方上,我们将综合考虑单位的工作时间和资深同志的工作规律,合理安排询问时间,通过统一询问提高询问效率,避免对资深同志造成不必要的干扰。

如果资深同志确实存在态度问题,我会委婉地向他们提出意见,同时强调作为新人的我们也有一定的能力,能够在他们需要创新思维和方法时提供帮助,希望资深同志能够改变对我们的看法,认真对待问题,实现共同进步。

最后,在未来的工作中,我会不断提高自己的工作能力和服务水平,加强对工作流程的掌握,争取能够早日独立应对各种情况。同时,我会努力团结同事,无论是新同事还是资深同事,都会给予尊重,推动共同进步。

第9章 日读日诵

想要在公考面试中有良好的表现,不仅要有完善的思维逻辑框架,还要有丰富的语言,用以论证自己的观点。以下材料,考生可以进行背诵,记住核心要点、优美句子,以备不时之需。

9.1 优秀实例

优秀实例,可以广泛地从公共事务、政策执行、社会管理等领域选取,是考生在做面试准备时必须关注的素材。通过精心积累优秀实例,考生不仅能够丰富自己的学识,还能够有效提高自己的理论应用能力与问题解决能力。在确定论点并进行论证时,适时引用优秀实例,不仅能够有力地支撑个人观点,还能够充分展示考生对相关理论与实践的深刻理解和熟练掌握。因此,考生需要充分重视实例积累环节,确保能够在面试中游刃有余地展现自己的综合素质。

9.1.1 优秀个人实例

1. 南仁东:"中国天眼"之父

南仁东,一位被世人尊称为"'中国天眼'之父"的杰出科学家,他的卓越贡献不仅在中国科技史上留下了浓墨重彩的一笔,还在全球天文领域树立了新的里程碑。南仁东领导其团队,历经20余载的不懈奋斗与艰辛探索，成功克服了一个又一个技术难关，最终设计并建造了世界上独一无二的大口径射电望远镜——"中国天眼"。

从项目的初步选址到全面建设，再到后续的精密调试，南仁东始终亲临一线，参与并指导每一个关键环节。他不仅在射电望远镜设计理论方面取得了重大突破，还为解决众多技术难题提供了宝贵的思路和方案。这背后，是他对科学事业的无限热爱与执着追求，是8000多个日夜的默默坚守与辛勤付出。

2016年，"中国天眼"在贵州喀斯特洼坑中巍然屹立，正式启用，其宏大的规模和卓越的性能迅速吸引了全球天文界的注意。这一成就不仅标志着中国在射电天文学领域迈出了历史性的一步，还在国际舞台上彰显了中国科技工作者的智慧与力量。

南仁东的一生，是对爱国精神、奉献精神、奋斗精神和工匠精神的生动诠释，他的事迹激励着无数后来者，在各自的领域勇攀高峰，不断追求卓越。虽然他已离世，但其精神永存，如同"中国天眼"那深邃、明亮的眼眸，继续陪伴着人类探索宇宙的奥秘。

2. 钟南山：医者仁心

钟南山，一位荣获共和国勋章的杰出人物，他以无畏战士的勇气与慈悲医者的仁心，在抗击重大疫情的前线书写了非凡的篇章。

在非典型肺炎疫情肆虐的艰难时刻，钟南山院士挺身而出，坚守在医疗救治的最前线，秉持实事求是的科学态度，不仅极大地提升了患者的救治成功率，还为全社会树立了抗击疫情的信心与希望；在新冠疫情突如其来，全球陷入前所未有的公共卫生危机时，钟南山院士再次挺身而出，凭借深厚的专业素养和敏锐的洞察力，科学研判疫情形势，不仅为疫情防控策略的制定提供了关键依据，还亲自指导防控工作的部署与实施，为遏制疫情蔓延、保护人民生命健康立下了汗马功劳。

钟南山院士的每一次行动，都是对求实精神的深刻诠释，他坚信科学真理，勇于探索未知，用实际成果证明着科学的力量；他的无私奉献是对医者仁心最生动的注解，他始终把人民的生命健康放在首位，用实际行动践行着医者的誓言与使命。钟南山院士的故事，是勇气与担当的赞歌，是求实、奉献与探索精神的光辉典范。

3. 李延年：英雄将领

李延年，一位被烽火连天的岁月锤炼出的英雄人物。作为杰出的军事将领与忠诚的共产党员，李延年用非凡的勇气与坚定的信念，为中华人民共和国的建立与和平、稳定立下了汗马功劳。

在解放战争中，李延年将军身先士卒，英勇善战，面对敌人的重重包围，他从未退缩，用无畏的斗志和卓越的指挥才能，为解放全中国贡献了不可忽视的力量。转战南北间，他留下的不仅有胜利的足迹，还有对党和人民的无限忠诚与热爱。

抗美援朝的号角吹响时，李延年再次挺身而出，率领英勇的志愿军将士远赴异国他乡，与强敌展开了殊死搏斗。在那片被战火洗礼的土地上，他率部成功夺回失守的高地，给予美军沉重打击，毙伤600余人，展现了中国军人不畏强敌的英勇气概。

战争硝烟散去后，李延年将军没有选择安逸与享乐，而是毅然决然地扎根在祖国的边陲，将满腔热血投入国防事业建设。他淡泊名利，甘于奉献，不惧艰辛，扎实苦干，用实际行动诠释了共产党员"全心全意为人民服务"的根本宗旨，以及"不忘初心、牢记使命"的崇高精神。

李延年的故事是新时代共产党人精神风貌的生动写照，他的事迹激励着无数中华儿女在新时代新征程中不断前进，为实现中华民族伟大复兴的中国梦而不懈奋斗。

④ **4. 樊锦诗：敦煌文化的守护者**

樊锦诗，一位被时代尊称为"敦煌的女儿"的杰出学者与守护者，她带着非凡的毅力和深厚的情感，将自己的半生岁月无私地倾注在敦煌石窟这一世界文化遗产中。从首都北京的繁华喧嚣到西北边陲敦煌的苍茫大漠，她跨越了地理与心灵的双重距离，毅然决然地站在保护敦煌文化的最前沿。

50余载春秋更替，风沙肆虐，岁月如梭，樊锦诗教授始终如一地坚守在敦煌石窟，用她的智慧和汗水，为这一人类共同的瑰宝筑起了一道坚不可摧的防线。面对极端环境的挑战与文物保护的重重困难，她从未退缩，用坚定的信念和创新的思维，不断探索和实践着最适合敦煌石窟的保护方法与路径。

在她的努力与指导下，敦煌石窟的保护与研究工作取得了举世瞩目的成就。她的种种努力，不仅让古老的壁画与雕塑重焕新生，还让敦煌文化的魅力跨越时空，影响深远。樊锦诗教授用实际行动诠释了"奉献"这一高尚情操，她的每一分努力，都是对文化遗产传承的深情告白。

樊锦诗教授"坚定理想、开拓创新、艰苦奋斗、持之以恒"的精神品质，是激励后人的宝贵财富。樊锦诗教授的故事，是关于梦想与坚持的赞歌，是关于责任与担当的生动教材，她用自己的生命，书写了一部关于爱与奉献的壮丽史诗。

5. 孙家栋：中国卫星之父

孙家栋，被誉为"中国卫星之父"，是中国航天事业的杰出代表与灵魂人物。在过去的半个多世纪里，孙家栋以其卓越的才华和不懈的努力，为我国航天科技的飞速发展奠定了坚实的基础，书写了辉煌的篇章。

孙家栋院士始终坚持国家利益至上，他的每一次决策与行动，都体现着他对国家航天事业的无限忠诚与热爱。从我国第一颗人造地球卫星"东方红一号"的成功发射，到"嫦娥一号"奔月探秘的壮举；从"风云气象"卫星系列为国民提供精准气象服务，到"北斗导航"系统构建起国家自主时空体系的基石，这些里程碑式成就的背后，无不凝聚着孙家栋院士的智慧与汗水。

孙家栋院士不仅是技术的领航者，还是精神的灯塔。孙家栋院士以创新精神为驱动，不断突破技术瓶颈，引领中国航天事业迈向新高度；孙家栋院士以爱国主义精神为魂，将个人命运与国家发展紧密相连，用实际行动诠释了"国之大者"的深刻内涵；孙家栋院士以使命担当为己任，面对重重困难与挑战，始终勇往直前，不负时代重托；孙家栋院士以无私奉献为乐，将毕生精力奉献给祖国的航天事业，赢得了国内外的高度赞誉……

孙家栋院士的辉煌成就与崇高精神，不仅是中国航天事业的宝贵财富，还是激励万亿中华儿女为实现中华民族伟大复兴的中国梦而不懈奋斗的强大动力。

6. 刘金国：忠诚卫士的典范

刘金国，一位以铁血铸就忠诚、用行动诠释使命的杰出公安将领，他如同坚不可摧的卫士，始终屹立在危险与挑战的最前沿，用无畏的勇气和坚定的信念守护着人民的安全与安宁。

面对汶川地震，刘金国挺身而出，担任公安部前线总指挥。面对废墟遍野、生死未卜的严峻形势，他迅速行动，紧急调集全国范围内的两万多名公安救援力量，深入灾区，夜以继日地开展搜救工作。在汶川，刘金国用实际行动践行了"人民至上、生命至上"的崇高理念，为无数受困群众点亮了生的希望。

面对大连输油管线爆炸事件，刘金国再次展现了他的果敢。他第一时间奔赴现场，面对熊熊火海和随时可能发生的次生灾害，冷静分析、科学组织，迅速制订行之有效的灭火救援方案。在他的指挥下，救援队伍与时间赛跑，与火魔搏斗，最终成功扑灭大火，有效遏制了灾情的蔓延。

刘金国以其临危不惧的胆识、攻坚克难的毅力、爱岗敬业的精神，以及始终将人民利益放在首位的高尚情操，成为公安干警队伍中的一面鲜明旗帜。他的事迹不仅是对公安干警英勇形象的生动诠释，还是社会教育、激励的典范，让我们深刻感受到了责任、担当与奉献的力量。

7. 郎平：中国女排精神的传承者

郎平，中国女排的灵魂人物与总教练，她的名字早已与卓越、坚韧和传奇紧密相连。作为一位排球界巨星，郎平不仅以其精湛的技术在赛场上独领风骚，还用她那不屈不挠的精神激励着无数人。

1984年的洛杉矶奥运会，是郎平职业生涯中的辉煌时刻之一。在那片充满激情与梦想的赛场上，她与中国女排的队友们并肩作战，奉献了一场场精彩绝伦的比赛，最终将冠军奖杯高高举起，为中国女排赢得了前所未有的荣誉与辉煌。那一刻，郎平的名字与女排精神一同镌刻在了历史的丰碑上。

郎平的贡献远不止于此。2012年，中国女排遭遇了前所未有的低谷与挑战，在这关键时刻，郎平毅然决然地选择回国，接过教鞭，承担起了带领中国女排重返巅峰的重任。在她的精心调教和不懈努力下，中国女排逐渐找回了昔日的辉煌与自信，再次屹立于世界排坛之巅。

郎平的成功并非偶然，她展现出的"更高、更快、更强"的奥运精神，以及不畏艰难、拼搏进取、坚持不放弃的坚韧品质，是中国女排精神的真实写照。她用自己的行动诠释了体育精神，同时激励着无数年轻人为梦想而努力奋斗。

如今，郎平已经成为中国女排乃至整个体育界的标志性人物，她的故事和精神将继续激励着后来者不断前行，在各自的领域追求卓越与辉煌。

8. 张富清：淡泊名利的时代楷模

张富清，一位默默无闻却熠熠生辉的退役军人楷模。

在战火纷飞的岁月，张富清是勇敢的战士，以血肉之躯筑起捍卫国家安全的钢铁长城。面对敌人，他舍生忘死，勇往直前，用实际行动诠释了什么是真正的英雄气概，将满腔热血化作了对党和人民的无限忠诚。

当硝烟散去，进入和平建设年代，张富清积极响应组织号召，毅然决然地踏上了前往艰苦山区的征途。在那里，他一干就是30余年，将青春与汗水洒在了贫瘠但充满希望的土地上。他不计名利，朴素、纯粹，始终用共产党员的标准严格要求自己，坚守初心，不改本色。在平凡的岗位上，他用自己的实际行动诠释了什么是大公无私、默默奉献。

张富清的一生，是坚守初心、对党忠诚的一生；是淡泊名利、无私奉献的一生。他用自己的生命，为我们树立了一座精神丰碑，激励着后来者不忘初心、牢记使命，前行在为实现中华民族伟大复兴的中国梦而不断奋斗的道路上。

9. 于敏：中国氢弹之父

于敏，一个在中国科技史上熠熠生辉的名字，他的一生与中国氢弹研制的辉煌历程紧密相连，他是国家安全与科技进步的坚实脊梁。

作为一位卓越的核物理学家，于敏在极其艰苦的条件下，用非凡的智慧和不懈的勤奋，引领着一支坚韧不拔的团队，不断向氢弹技术的巅峰发起挑战。在物质条件匮乏、技术封锁严密的年代，于敏和他的同事们日夜奋战在科研一线，以实验室为家，以数据为友，攻克了一个又一个技术难关，最终实现了中国氢弹的成功研制。

于敏的贡献，不仅在于他为中国主持研制了一枚具有战略威慑力的氢弹，还在于他让全世界看到了中国在科技领域自力更生、勇攀高峰的决心和实力。他的成就，为中国在国防领域拥有稳固的地位奠定了坚实的基础，为国家的繁荣与安全提供了强有力的保障。

于敏的故事，是爱国主义精神的生动体现。于敏用自己的实际行动告诉我们：热爱祖国，就要为国家的繁荣和安全不懈努力，哪怕是在最艰难的时刻，也要坚定信念、勇往直前。于敏的精神，如同璀璨的星辰，照亮着我们前行的道路，激励着一代又一代中华儿女为实现中华民族伟大复兴而努力奋斗。

10. 申纪兰：共和国的见证者

申纪兰，一位巾帼英雄，她的名字与共和国的辉煌历程紧密相连，她是中国女性自强不息、勇于担当的典范。作为全国人民代表大会的常青树，申纪兰连续13届担任代表职务，不仅见证了国家从站起来、富起来到强起来的伟大飞跃，还亲自参与了许多关键性变革的推动。

在维护妇女权益的道路上，申纪兰是当之无愧的先驱。她敏锐地洞察社会问题，勇敢地站出来为妇女发声，提出了"男女同工同酬"这一响亮口号，并成功推动其写入国家宪法，成为保障女性劳动权益的坚实法律基石。这一壮举，极大地提高了妇女的社会地位，并为后来者树立了追求平等、捍卫权利的榜样。

申纪兰的心始终与人民群众紧密相连。她深入田间地头，了解村民疾苦，从群众利益出发，勇于创新，率先在当地推行家庭联产承包责任制，极大地激发了农民的生产积极性，为农村打好脱贫攻坚战奠定了坚实的基础。她的创举，不仅改善了当地群众的生活条件，还为全国范围内的农村改革提供了宝贵经验。

申纪兰用自己的实际行动诠释了什么是真正的公仆精神，什么是共产党人的初心和使命，她的名字，将永远镌刻在中国妇女解放和农村改革的历史丰碑上，激励着后来者为实现中华民族伟大复兴而不懈奋斗。

9.1.2 优秀集体实例

1. 抗疫英雄群体

在抗击疫情的没有硝烟的战争中，涌现出了一群群令人敬仰的抗疫英雄，他们来自五湖四海，却怀揣着同样的信念与决心，汇聚成一股不可阻挡的力量，守护着万家灯火与人间安宁。

医护人员，这群白衣勇士，是抗疫前线的最美逆行者。他们身着厚重的防护服，与病毒近距离搏斗，舍生忘死、夜以继日地照顾病患，用精湛的医术和无尽的爱心点亮生命的希望之光。他们的汗水与泪水，见证了医者仁心的伟大与崇高。

人民子弟兵，作为国家的钢铁长城，在疫情肆虐之时，闻令而动、千里驰援。他们迅速集结，奔赴各疫区，搭建方舱医院，转运医疗物资，执行消杀任务，用实际行动诠释了"人民子弟兵为人民"的深刻内涵。他们的身影，是人民群众心中最坚实的依靠。

交警同志，是城市流动的守护者。在疫情防控的关键时刻，他们坚守岗位，一丝不苟地维持交通秩序，确保抗疫物资和人员顺畅通行。无论是烈日炎炎还是寒风凛冽，他们都毫不退缩，用实际行动守护着城市的安全与秩序。他们的坚守，为抗疫斗争的顺利进行提供了有力保障。

此外，还有一群默默奉献的志愿者，他们自发地组织起来，投身抗疫斗争。他们协助社区开展排查登记、宣传引导、心理疏导等工作，为医护人员和隔离群众提供生活保障和心灵慰藉。他们的无私奉献和爱心传递，让抗疫充满了温暖与希望。

这些抗疫英雄，以生命践行使命，用大爱护佑苍生，他们的行动生动诠释了"每个人都了不起"的真谛。同舟共济、无私奉献、责任担当、不怕牺牲……这些精神品质在他们身上得到了最完美的展现。他们用自己的行动告诉我们：只要我们团结一心，就没有克服不了的困难；只要我们心怀大爱，就能汇聚起战胜一切的力量。

②. 扶贫英雄群体

在脱贫攻坚这场史无前例的战役中,数百万名驻村干部与广大贫困群众携手并肩,以非凡的毅力和不懈的努力,共同书写着脱贫致富的中国奇迹。他们之中,涌现出了一批批感人至深的扶贫英雄,比如,"时代楷模"黄文秀,以青春和生命践行了共产党人的初心使命;又如,"吃亏书记"李连成,甘于奉献,带领群众走出贫困,共享发展成果;再如,"扶贫硬汉"隋耀达,以铁一般的意志和决心,攻坚克难,为贫困地区带来了翻天覆地的变化。

这些扶贫英雄深入基层,扎根乡村,用汗水和热情浇灌着贫瘠的土地,让希望的种子生根发芽。他们不畏艰难,不惧挑战,用实际行动践行着不负使命、勇于担当的崇高精神。在他们的带领下,近一亿贫困人口摆脱了贫困的束缚,迎来了崭新的生活,实现了从贫穷到富裕的历史性跨越。

扶贫英雄们的故事,是对"人民为先、祖国至上"理念的生动诠释。他们始终把人民群众的利益放在首位,把为群众谋福祉作为自己最大的追求。他们深知,只有让人民群众过上好日子,才是真正的成功。因此,他们踏实苦干,甘于奉献,用实际行动践行着共产党人的庄严承诺。

扶贫精神的真谛,在于不负使命、勇于担当、人民为先、祖国至上、踏实苦干、甘于奉献,这些精神品质在扶贫英雄们身上得到了充分的展现。他们的故事,将永远激励着后来者前行,在全面建设社会主义现代化国家的新征程中发扬扶贫精神,为实现中华民族伟大复兴的中国梦贡献自己的力量。

3. 科研英雄群体

在浩瀚无垠的科技宇宙中,科研工作者犹如星辰般璀璨,他们用无畏的探索精神和不懈的创新追求,照亮了人类前行的道路。科研英雄,有驾驶"奋斗者"号深潜万米,勇闯深海未知领域的勇士;有引领嫦娥五号跨越星际,成功从月球带回宝贵土壤的先驱;还有在量子计算领域取得突破性进展,研发出九章计算机的杰出团队。

他们,是科研领域的探索者,是时代进步的推动者。日日夜夜,他们埋首实验室,与数据为伴,与难题较劲,用辛勤的汗水和不懈的努力,取得一项项令人瞩目的科技成果。这些成果,不仅丰富了人类的知识宝库,还为国家的发展注入了强大的科技动力,让"中国创造"在世界舞台上熠熠生辉。

科研英雄的行动,深刻诠释了科研精神的真谛——热爱祖国、勇于创新、真抓实干。他们心中装着国家,肩上扛着责任,带着满腔的热情和坚定的信念,投身科研工作。他们敢于挑战未知,勇于突破常规,用创新的思维和大胆的尝试,不断攀登科技高峰。

科研英雄的故事,是激励人心的力量源泉。他们用自己的实际行动证明,只要心怀梦想、勇于探索,没有什么是不可能的。他们的精神,激励着无数后来者在科研道路上勇往直前,不断追求卓越,为人类的进步和发展贡献智慧和力量。

4. 消防英雄群体

消防英雄,是和平年代最勇敢的守护者之一,他们身披橙色战衣,心怀炽热信念,时刻屹立在危险与安全的交界线上。每当火灾肆虐,无论是繁华都市的摩天大楼,还是偏远乡村的寂静田野,第一时间响应、无畏前行的总是他们。他们以血肉之躯筑起防火墙,用钢铁意志对抗烈焰,将个人安危置之度外,只为守护万家安宁。

这些消防英雄,用实际行动诠释了"不怕牺牲"的崇高精神。面对熊熊烈火,他们不曾退缩,即便危险重重,也毅然决然地冲向火场,用行动书写对职业的忠诚与对人民的深情厚谊。他们的每一次逆行,都是对生命价值的最高致敬,对职责使命的坚定践行。

"无私奉献"是这群无名英雄的标签。在救援一线,他们忘却自我,将生的希望留给群众,将死的威胁留给自己。无论是解救被困的孩童,还是转移受灾的群众,他们都以最快的速度、最专业的技能,践行着"人民至上、生命至上"的庄严承诺。

"爱岗敬业"是消防英雄坚定践行的职业操守。在日常训练中,他们挥汗如雨、精益求精,不断提高自己的业务能力和应急处理水平。每一次出警,他们都带着高度的责任感和使命感,全力以赴地投入救援工作,确保每一次行动都迅速、准确、有效。

"勇于挑战"是消防英雄不断突破自我、超越极限的动力源泉。面对复杂多变的火场环境和突如其来的危险情况,他们敢于迎难而上,不断突破技术瓶颈和生理极限。这种勇于挑战的精神,让他们在无数次生死考验中不断成长、强大,成为守护人民生命财产安全的铜墙铁壁。

总之,消防英雄用自己的青春和热血,书写了忠诚与担当的壮丽篇章,他们用实际行动告诉我们:只要心中有爱、肩上有责、脚下有路,就没有克服不了的困难、战胜不了的挑战。

9.1.3 值得铭记的事件

1. 中国共产党成立

中国共产党成立于1921年,标志着中国革命历史翻开了崭新的一页,具有划时代的重大意义。这一伟大事件,不仅是中国人民在救亡图存道路上探索的必然产物,还是中华民族走向伟大复兴的重要里程碑。

中国共产党成立伊始,便确立了为中国人民谋幸福、为中华民族谋复兴的初心和使命,这是党的一切行动的出发点和落脚点。自成立之日起,党就深刻认识到,民族独立、人民解放,是国家繁荣富强和人民幸福安康的坚实基础。因此,党团结带领全国各族人民,历经艰苦卓绝的斗争,推翻帝国主义、封建主义和官僚资本主义,建立了中华人民共和国,实现了民族独立和人民解放的伟大胜利。

在这场波澜壮阔的革命斗争中,无数革命先烈前赴后继,英勇牺牲,他们用自己的鲜血和生命诠释了中国共产党人的初心和使命。据统计,从中国共产党成立到中华人民共和国成立的28年间,牺牲的革命烈士多达 370 多万人，平均每天有 360 多位英雄倒下。这些革命烈士的英勇事迹和无私奉献精神永远镌刻在中国人民的心中，成为激励后人不断前进的强大动力。

中国共产党成立的意义，不仅在于开创了中国革命的新纪元，还在于确立了为中国人民谋幸福、为中华民族谋复兴的崇高目标，并为之不懈奋斗。这种不怕牺牲的爱国热情和初心使命的精神内涵，既是中国共产党人的精神支柱和力量源泉，又是中华民族宝贵的精神财富。

② 长征壮举

长征，作为中国共产党领导的工农红军的史无前例的战略转移，不仅是中国革命历程中一段艰苦卓绝的传奇，还是中国革命从逆境中崛起、迈向胜利的重要转折点。在旷日持久的征途中，红军将士经历了前所未有的艰难险阻，从雪山跋涉到草地穿行，再到与数倍于己的敌人进行殊死搏斗，每一步都充满未知与危险。

在种种极端条件下，红军将士展现了惊人的毅力与勇气，他们始终坚定为中华民族解放和人民幸福而战的崇高信念，用实际行动诠释了团结、勇敢、不畏艰险、坚定信念的长征精神。这种精神，如同璀璨的星辰，照亮了红军前行的道路，激励着无数后来者为了理想与信念不懈奋斗。

长征，是红军战略转移的一次行动，更是中国共产党领导下的人民军队英勇无畏、坚韧不拔的精神的集中体现。长征精神，作为中华民族精神的重要组成部分,已经深深融入民族血脉。在如今这个和平发展的时代,我们应该继承和发扬长征精神,勇于面对挑战,敢于担当责任,为实现建设社会主义现代化国家的宏伟目标而努力奋斗。

3. 农村包围城市

农村包围城市,是中国革命历程中的一项具有深远意义的创新举措,深刻体现了实事求是、一切从实际出发的马克思主义精髓,是根据中国国情对马克思主义理论的创造性运用和发展。

在半殖民地半封建的社会背景下,直接在城市中发动大规模的革命斗争有着巨大的困难和挑战,因此,中国共产党审时度势,巧妙地将战略重心转向农村地区,通过深入基层、发动群众,建立稳固的农村革命根据地,逐步积蓄和发展革命力量。

农村包围城市战略的成功实施,不仅减少了革命力量的损失,还为中国革命开辟了一条全新的道路。该战略强调了农村地区在中国革命中的重要地位,展示了人民群众在革命中的重要作用,彰显了中国共产党密切联系群众、一切依靠群众的优良传统。

农村包围城市战略的成功实施,为中国革命的最终胜利奠定了坚实的基础。该战略证明了在复杂多变的国内外环境中,中国共产党能够灵活运用马克思主义理论,结合中国实际,制定符合国情、顺应民心的战略方针,引领中国革命不断走向胜利。这一战略的意义,不仅在于其推动了中国革命的成功,还在于其为后来的革命和建设提供了宝贵的经验和启示,激励着人们在新时代征程中继续前行、不断创新。

④. 抗日民族统一战线

抗日民族统一战线的建立，是抗日战争时期中华民族历史上具有里程碑意义的重要事件。这一战略思想的提出与实施，不仅是中国共产党为抗击日本侵略、捍卫民族独立采取的重大措施，还是全民族在危难之际展现团结精神与爱国精神的光辉典范。

抗日民族统一战线的核心价值在于其具有广泛的包容性和强大的凝聚力。跨越了地域、党派、阶层，乃至国界，抗日民族统一战线将全国各族人民、各民主党派、各爱国军队，以及海外侨胞紧紧团结在一起，形成了不可战胜的磅礴力量。这种团结协作的精神，是中华民族面对外敌时最宝贵的财富，它让每一个中华儿女都深刻意识到，只有团结一致，才能抵御外敌、保卫家园。

抗日民族统一战线的建立体现了抓住主要矛盾、集中力量办大事的智慧。在当时的历史条件下，抗击日本侵略是中华民族最紧迫、最主要的任务。通过建立统一战线，各方力量得以集中、整合，聚焦核心目标，强有力地削弱敌人的攻势，为最终取得抗日战争的胜利奠定了坚实的基础。

总之，抗日民族统一战线的建立对中华民族而言具有深远的历史意义和现实价值，这一战略思想的成功实践，为我们今天处理复杂的国际关系和国内矛盾提供了宝贵的经验和启示。

⑤. 遵义会议

遵义会议，作为中国革命历程中的重要里程碑，意义深远且重大。遵义会议不仅标志着中国共产党在关键时刻实现了自我纠正与革新,还标志着党在革命中的独立自主的领导地位的确立,为革命胜利奠定了坚实的基础。

遵义会议的核心价值在于其体现了勇于自我批评、敢于纠正错误的精神。面对错误思想对革命事业的严重危害,中国共产党没有回避,而是果断地召开会议,进行深入分析与讨论,实现了思想上的拨乱反正。这一过程充分展示了中国共产党坚持真理、修正错误的坚定决心和强大能力。

更为重要的是,遵义会议开始确立以毛泽东为主要代表的马克思主义正确路线在党中央的领导地位。这一决定是对毛泽东个人才能与贡献的认可,也是对实事求是、一切从实际出发等正确理念的坚持与践行。此后,中国共产党更加准确地把握了革命形势,制定了符合实际的战略方针,引领中国革命不断走向胜利。

总之,遵义会议是中国共产党历史上的一次伟大转折,它标志着党在革命道路上迈出了更加坚实、更加自信的步伐。

6. 改革开放

改革开放,作为中国现代化建设历程中的里程碑,深远意义不仅在于引领中国从封闭走向开放,还在于成功地将国家从计划经济的桎梏中解放出来,迈向市场经济的广阔天地。这一历史性转变,不仅重塑了中国的经济面貌,还深刻地推动了国家整体的现代化进程。

改革开放的成功实践,是逐步开放与勇于变革的生动写照,它证明了在全球化浪潮中，保持开放心态，积极融入世界，是国家实现快速发展的必由之路。与此同时，改革开放体现了变通的重要性，即要在坚持社会主义制度的前提下，勇于探索符合国情的发展道路，不断突破传统观念的束缚，寻求更加高效、灵活的发展模式。

更为重要的是，改革开放历程深刻体现了自我认知的重要性。通过改革开放，中国更加清晰地认识到了自身的优势与不足，明确了发展的方向与目标，这种自我认知的觉醒，为国家的持续进步提供了强大的内在动力。

总之，改革开放不仅为中国带来了翻天覆地的变化，促进了经济的快速增长，提高了人民的生活水平，还为中国的发展开辟了新的道路，注入了新的活力。我们应该坚持改革开放政策不动摇，用更加开放的姿态拥抱世界，用更加坚定的步伐推动经济社会发展，为实现中华民族伟大复兴的中国梦不懈奋斗。

9.2 名言警句

积累名言警句并巧妙地在公考面试的作答过程中使用，对考生而言，是大有裨益的。

名言警句以高度凝练且有深远的意蕴著称，能够一语中的，道出复杂、深刻的道理。考生在有限的表达时间内合理使用名言警句，能高效展示自己的文化底蕴与表达能力、语言驾驭能力，给考官留下深刻的印象。

与此同时，合理使用名言警句，可以直观地展现考生的思维深度与逻辑思考能力，使作答更加严谨、有力。

接下来展示一些名言警句，抛砖引玉，供考生参考。

9.2.1 政治方面

先天下之忧而忧，后天下之乐而乐。（范仲淹）

政者，正也。子帅以正，孰敢不正？（孔子）

得道者多助，失道者寡助。（孟子）

民为贵，社稷次之，君为轻。（孟子）

得民心者得天下。（孟子）

9.2.2 文化方面

观乎天文，以察时变；观乎人文，以化成天下。（周文王）

君子之守，修其身而天下平。（孟子）

知识就是力量。（弗兰西斯·培根）

人类在道德文化方面最高级的阶段，就是当我们认识到应当用理智控制思想时。（查尔斯·罗伯特·达尔文）

9.2.3 社会责任方面

人生自古谁无死，留取丹心照汗青。（文天祥）

国家是大家的，爱国是每个人的本分。（陶行知）

我以我血荐轩辕。（鲁迅）

为中华之崛起而读书。（周恩来）

国破山河在,城春草木深。感时花溅泪,恨别鸟惊心。(杜甫)

天下兴亡,匹夫有责。(顾炎武)

我爱我的祖国,爱我的人民,离开了它,离开了他们,我就无法生存,更无法写作。(巴金)

9.2.4 生态方面

扎扎实实推进生态环境保护,像保护眼睛一样保护生态环境,像对待生命一样对待生态环境。

生态环境保护是功在当代、利在千秋的事业。

建设生态文明是中华民族永续发展的千年大计。

建设生态文明是关系人民福祉、关乎民族未来的长远大计。

在生态环境保护问题上,就是要不能越雷池一步,否则就应该受到惩罚。

绿水青山本身就是金山银山,我们种的常青树就是摇钱树。

9.2.5 精神力量方面

九层之台,起于累土;千里之行,始于足下。(老子)

三军可夺帅也,匹夫不可夺志也。(孔子)

路漫漫其修远兮,吾将上下而求索。(屈原)

宝剑锋从磨砺出,梅花香自苦寒来。(冯梦龙)

千磨万击还坚劲,任尔东西南北风。(郑燮)

不经历风雨,怎能见彩虹。(李宗盛)

第10章 答题技巧

如果考生在备考过程中感觉自己准备的作答模板过于生硬、机械,可以尝试进行言语提亮。本章为大家提供一些言语提亮金句和冲刺模板,旨在丰富大家的作答模板,提高大家的作答水平。

10.1 言语提亮

以下言语提亮金句,不需要大家死记硬背、一字不差地复述,大家多读几遍,建立印象,临场能够灵活使用,确保作答时有严谨的逻辑连贯性即可。

10.1.1 社会现象类考题的作答

1. 提观点

(1)针对积极现象的作答语言

适用于论述正面社会现象的作答语言,举例如下。

> **作答范例**
> 这种现象不仅是社会进步的重要标志,还是文明发展的具体体现。

适用于论述正向发展趋势、新兴事物的作答语言,举例如下。

> **作答范例**
>
> 范例一：这一新兴趋势/事物，不仅代表着时代的潮流和发展方向，还体现了对传统模式的突破。
>
> 范例二：××在基层实践了政府职能改革、互联网+、脱贫攻坚等，这些因地制宜的新探索和新尝试，为地方发展带来了前所未有的新机遇。

适用于论述绝大多数政府政策、规定、行为的作答语言，举例如下。

> **作答范例**
>
> 政府的这一做法，充分展示了其治理的决心和智慧，对突破发展瓶颈、增强发展动力、积累发展优势而言具有深远的积极意义。具体来说，其优势主要体现在以下几个方面……

适用于论述解决某一社会问题的政府政策、规定、行为的作答语言，举例如下。

> **作答范例**
>
> 范例一：
>
> 近年来，社会上各种乱象频发，政府的这一措施以坚决的态度和有力的手段，有效地整治了相关问题。具体体现在以下几个方面……
>
> 范例二：
>
> 政府的做法为当前问题的解决提供了最佳方案，有助于清除

障碍、简化流程、提高效率。具体而言,其积极意义表现为以下几点……

范例三:

针对××(顽固问题),政府在治理、执法、管理方式上的创新令人耳目一新,值得鼓励和赞赏。具体而言,其积极作用体现在以下几个方面……

(2)针对消极现象的作答语言

其一,分类介绍引出危害的作答语言。

适用于论述负面的社会事件、现象的作答语言,举例如下。

> **作答范例**
>
> 题目描述的事件已触及社会底线,对公众的信任感和安全感造成了极大的不良影响,我们必须高度警惕。

适用于论述虽为新兴事物,但出现了诸多问题、存在很多不足的作答语言,举例如下。

> **作答范例**
>
> 虽然新技术/新模式在某些方面具有一定的优势,但是伴随而来的问题不容忽视,比如……

适用于论述好心办坏事的行为的作答语言,举例如下。

> **作答范例**
>
> 虽然出发点是好的,但是实际执行方法有问题,一方面,……;另一方面,……。这样的结果,显然不是我们希望看到的。

其二，引出原因的作答语言，适用于论述负面的社会事件、现象。

> **作答范例**
>
> 范例一：
>
> 题目描述的现象让我们深感愤怒、悲哀，愤怒、悲哀之余，我们应该深入思考其背后的原因。原因可能是多方面的，需要我们进行全面的分析……
>
> 范例二：
>
> 正所谓"冰冻三尺，非一日之寒"，任何社会问题都有其产生的根源，我们需要深入挖掘这些根源，找到解决问题的有效方法。针对题目描述的现象，我们应该从多个角度入手，进行深入的思考和分析。
>
> 范例三：
>
> 为何类似的问题会反复出现、屡禁不止？原因是多种多样的。为了找到解决之道，我们需要全面了解、分析这些原因……
>
> 范例四：
>
> 针对题目描述的现象，盲目地批评、抨击并非明智之举，我们需要深入剖析其出现的根本原因。

（3）其他常用的作答语言

适用于论述新兴事物的作答语言，举例如下。

> **作答范例**
>
> 最近，××（新兴事物）引发了公众的广泛关注和热议，透过舆论热潮，我们应该进行更为深入的思考。一方面，该事物有值得肯定的方面，如……；另一方面，我们应该正视该事物带来的问题和挑战，如……

适用于论述引发舆论热议的社会热点事件的作答语言，举例如下。

> **作答范例**
>
> 最近，××（社会热点事件）成为公众关注的焦点，引发热议，透过舆论热潮，我们应该进行更为深入的思考。一方面，该事件有值得肯定之处，如……；另一方面，该事件有不可忽视的负面影响，如……

适用于论述经济领域的新兴事物的作答语言，举例如下。

> **作答范例**
>
> 近年来迅速崛起的××（新兴事物）正在重塑经济增长格局，深刻改变着人们的生产、生活方式。面对经济领域的新兴事物，我们应该持开放的心态，一方面，××（新兴事物）带来了许多新的机遇，如……；另一方面，我们不能忽视××（新兴事物）带来的问题和挑战，如……

2. 提对策

（1）针对积极情况的作答语言

适用于普适情况的作答语言，举例如下。

> **作答范例**
>
> 为了确保政策顺利落地、目标达成，各部门需要携手合作。以下是一些具体的建议……

适用于论述政府政策、法规的完善需求的作答语言，举例如下。

> **作答范例**
>
> 虽然已有初步框架，但要想让政策真正惠及民众，还需要在以下几个方面进行深化与完善……

适用于论述政府政策、法规的实施优化的作答语言，举例如下。

> **作答范例**
>
> 为确保政策有效落地、工作有序推进、群众切实感受到温暖与福利，我们应该考虑从以下几个方面入手进行政策/法规的实施优化……

（2）针对消极问题的作答语言

适用于普适情况的作答语言，举例如下。

> **作答范例**
>
> 我们需要深刻剖析问题背后的复杂成因，因为这些成因关系着社会的方方面面。为了扭转这一局面，我们需要明确责任归属，并从以下几个方面入手，进行逐一突破……

适用于论述影响较大的问题的作答语言，举例如下。

> **作答范例**
>
> 针对这些挑战，我们必须深入剖析，制定全面的解决策略，确保类似问题不再出现。

适用于论述政府有作为但效果不明显的问题的作答语言，举例如下。

> **作答范例**
>
> 虽然政府的努力已初见成效，但是要想彻底解决问题，还需要各方更紧密地协作与配合，特别是在以下几个方面……

（3）辩证地看待问题的作答语言

适用于论述利大于弊的情况的作答语言，举例如下。

> **作答范例**
>
> 虽然新兴事物还有不足之处，但其积极作用明显。为发挥其优势，我们应该重点关注以下几个方面……

适用于论述符合当前政策背景的具体行为的作答语言，举例如下。

> **作答范例**
>
> 在当前背景下，虽然某些方式/探索/选择存在瑕疵，但总体方向是正确的、积极的。为确保××更加规范、文明、理性、健康、和谐地发展，我们需要多方合作。

适用于论述取得一定成效的做法、行为、政策、法规的持续发展的作答语言，举例如下。

> **作答范例**
> 虽然某些政策、法规已在短期内取得实施成效，但要确保其长期健康地发挥作用，还需要从以下几个方面入手进行优化……

适用于论述弊大于利的情况的作答语言，举例如下。

> **作答范例**
> 虽然落实××政策/规定对社会有一定的益处，但正如前面的分析，该政策/规定的落实引发了一些不满和广泛的社会讨论。对于这样的政策/规定，我们需要谨慎行事……

3. 在结尾处进行总结

（1）针对积极情况的作答语言

适用于论述新兴事物的作答语言，举例如下。

> **作答范例**
> 我们期待各方共同推动新兴事物的发展，通过协同、合作，描绘更加光明的未来。

适用于论述绝大多数政府政策、行为的作答语言，举例如下。

> **作答范例**
> 虽然改革之路漫长且艰辛，但只要我们坚定不移地遵循规范化、稳定化、有序化等工作原则，必将实现更高质量、更高效率、

更公平、更可持续的发展。我们期待××能够尽快成为现实，加快改革、发展、创新的步伐，为人民群众创造更加美好的未来。

适用于普适情况的作答语言，举例如下。

> **作答范例**
>
> 实现目标需要我们持续努力，我坚信，只要我们同心协力，定能让××发挥更大的价值。

（2）针对消极问题的作答语言

适用于论述对社会影响较大的负面现象的作答语言，举例如下。

> **作答范例**
>
> 我们必须清醒地认识解决这些问题的困难，只有带着坚定的决心、无畏的勇气，持之以恒地直面问题，才有希望获得成功。

适用于普适情况的作答语言，举例如下。

> **作答范例**
>
> 通过采取上述措施，我们有信心引导社会向更加健康、和谐的方向发展，让群众不再为类似的问题担忧。只要我们正视问题、积极应对，定能实现让政策更加利民的美好愿景。

10.1.2 态度观点类考题的作答

1. 按主体作答

针对主体的作答语言，举例如下。

作答范例

范例一：××是个人立足之根基；××是企业创立之基石；××是国家建立之根本。

范例二：××是个人成长的关键；××是企业发展的支柱；××是国家进步的支点。

范例三：××是实现个人成功的必备条件；××是推动企业健康发展的关键；××是推动国家富强的核心目标。

范例四：××是个体进步的时代要求；××是企业发展的必要保障；××是国家崛起的重要基石。

范例五：××是个人成才的关键要素；××是企业发展的重要途径；××是国家昌盛的重要手段。

范例六：个人的全面发展，离不开××的支撑；企业应对激烈竞争，离不开××的引领；国家面对复杂的国际形势，离不开××的助力。

范例七：攀登人生高峰，需要以××为指导；行业领先地位的确立，需要以××为前提；国家辉煌的维持，需要以××为基石。

范例八：缺少××，人生就会遭遇困境；缺少××，企业就会陷入困局；缺少××，国家就会面临危机。

范例九：个人因××而更有意义，生命的价值得以彰显；企业因××而更具活力，核心竞争力得以体现；国家因××而更有发展潜力，宏伟蓝图得以实现。

范例十：××是前进的动力源泉，为个人提供不竭力量；××是发展的重要支撑，为企业提供可靠保障；××是强大的后备资源，为国家提供无限底气。

范例十一：××是个人进步的核心需求；××是企业发展的首要任务；××是增进人民福祉的必备条件。

范例十二：××是检验改革成效的重要因素；××是衡量人民满意度的关键指标；××是考查政府与群众关系的重要途径。

2. 按时间作答

针对时间的作答语言，举例如下。

作答范例

范例一：过去，我们依靠××成就事业；现在，我们依靠××推动发展；未来，我们将依靠××实现梦想。

范例二：××是我们从历史中汲取的智慧；××是我们今天取得成就的关键；××是我们未来发展的动力。

范例三：回首过去，我们依靠××走过了艰难的道路；展望未来，我们需要坚持××继续前行。

范例四：过去，××是我们在困难中前行的动力；现在，××是我们应对挑战的武器；未来，××是我们实现目标的保障。

范例五：中国的崛起离不开××；国家的繁荣离不开××；人民的幸福离不开××。

范例六：忆往昔，"雄关漫道真如铁"，依靠××，我们站了起来；看今朝，"人间正道是沧桑"，依靠××，我们富了起来；待明日，"长风破浪会有时"，依靠××，我们会更强大。

范例七：因为××，历经千年，我们依旧屹立于世；因为××，虽磨难重重，我们依旧创造了发展奇迹；因为××，虽坎坷不断，我们仍然走在时代前沿。

3. 按流程作答

针对流程的作答语言，举例如下。

作答范例

范例一：只有……，个人才能实现自我价值；只有……，企业才能创造社会财富；只有……，国家才能抓住发展机遇。

范例二：只有……，人民才能享受改革红利；只有……，企业才能拥有良好的发展环境；只有……，国家才能立于强国之林。

范例三：个人不……就会被淘汰；企业不……就会被超越；国家不……就会被欺辱。

范例四：唯有……，个人才能实现自我价值；唯有……，企业才能在行业中领先；唯有……，国家才能不断发展壮大。

10.2 冲刺模版

10.2.1 针对比赛

1. 比赛的类型

（1）竞技比赛

乒乓球、羽毛球、排球、篮球、台球等球类比赛，围棋、中国象棋、国际象棋等棋类比赛，以及田径比赛、拔河比赛等。

（2）演讲比赛

演讲比赛较为常见，主题是多种多样的，例如，弘扬传统美德、弘扬爱国精神、坚持廉洁从政、积极参与志愿服务。

（3）专业类比赛

针对专业技能的比赛，例如，服务礼仪比赛、业务技能比赛、Office应用比赛、法律知识竞赛、税务知识竞赛、消防演练竞赛。

（4）生活类比赛

烘焙比赛、插花比赛等。

（5）文艺类比赛

征文比赛、书法比赛、摄影比赛、工艺品制作比赛、废物利用比赛等。

2. 比赛的目的和意义

增进员工对××文化的理解、丰富员工的业余生活、提高员工的综合素质、增进员工间的团结等。

3. 赛事筹备流程

（1）前期宣传与动员

使用内部通信工具，例如，微信、OA 系统，发布赛事通知，明确比赛信息，包括报名资格、报名方式、赛制、比赛内容、评选方式、评委构成、比赛规则、奖项设置等。

发布赛事通知后，择期召开全体动员会议，由领导发表讲话，提高大家的参与热情。

（2）报名阶段

报名方式包括（线上）发送电子表格至指定邮箱、（线下）提交纸质表格至大赛组委会。注意，一定要明确具体的报名时间，以免有意向参赛的人因错过报名时间而无缘比赛。

（3）资源与人员调配

组建评委团队，包括专业人士、单位领导、群众代表，并根据需要，选择形象好、表达能力强的同事担任主持人。此外，要提前准备必要的设备，如话筒、摄像机、计时器、记分牌、奖品。

（4）赛事安排

其一，明确比赛内容，重点关注专业技能展示、综合能力展示等。

其二，明确赛制，如小组赛、循环赛。

其三，明确评选方式，如打分、投票。

其四，明确奖项设置，如明确一等奖、二等奖、三等奖、参与奖的具体名额。

（5）后期跟进与成果巩固

其一，对比赛的精彩瞬间进行二次宣传，比如在单位网站上发布新闻稿，进一步扩大比赛的影响力。

其二，建立长效机制，定期在单位内部举办同类比赛，切实丰富员工的业余生活。

其三，进行反馈跟踪，访问参赛者，收集意见、建议，以便在未来的活动中进行改进和完善。

（6）注意事项

比赛前一天，确定工作人员和参赛人员是否均收到通知、设备数量是否足够、设备是否可以正常使用、现场布置是否完成等相关情况。

比赛中，及时维持现场秩序，提醒大家遵守赛场纪律、服从调度指挥，要求非参赛人员在指定的地点观看比赛，禁止其随意进入比赛场地。

比赛后，做好收尾工作、写好活动总结。

10.2.2 针对会议

1. 会议的类型

（1）工作会议

动员会、工作布置会、经验交流会、总结会等。

（2）专业研讨会议

听证会、答辩会等。

（3）信息传递会议

表彰会、纪念会、庆功会（宴）等。

（4）商务活动相关会议

招商会、订货会、贸易会等。

（5）增进交流的会议（聚会）

接待会、茶话会等。

（6）信息发布会议

新闻发布会、记者招待会等。

2. 会议的目的与意义

了解工作情况、明确工作中的不足、学习并借鉴高效工作的经验、激励员工向优秀榜样看齐、丰富员工的业余文化生活、增强团队的凝聚力等。

3. 会议组织流程

（1）前期筹备

确定会议时间、地点、人员、议程和内容，使用内部通信工具通知所有同事，强调会议的重要性，并征集大家的意见、建议。随后，选定会议主持人，并准备必要的物品，如投影仪、电脑、水果、点心。

（2）会议组织

细致规划会议环节，例如，领导发言环节、视频播放环节、自由交流环节。注意，根据不同的主题，应该有不同的必备会议环节，例如，工作总结会，应该有各科室的工作汇报环节、领导的总结发言环节，以及工作部署环节。

（3）后期跟进

其一，整理会议的精彩瞬间，发布在单位网站上，并制作视频资料用以留念。

其二，定期举办相关活动，确保其影响力长久。

其三，对参会者进行回访，收集反馈、建议，以便改进、完善相关会议的组织流程。

10.2.3 针对接待活动

1. 接待对象及其特点

接待工作，并非简单的迎来送往，要针对不同的接待对象，制定不同的接待策略。以下是常见的接待对象及其特点。

（1）上级领导

针对上级领导的接待工作最为重要，需要展现单位的最高接待水平和重视程度。接待负责人需要提前了解相关领导的工作习惯，确保接待工作无可挑剔。

（2）外省单位

与其他省、市、地区的工作人员进行交流、沟通，是扩大影响力和进行资源整合的好机会。接待外省单位的工作人员时，一方面要确保接待过程顺利无阻，另一方面要突出本地特色。

（3）兄弟单位

与同行业、同区域的其他单位保持良好的关系是至关重要的，接待兄弟单位，重在交流、合作、共同探讨行业发展趋势。

（4）媒体、记者

媒体、记者是信息的传播者，通过他们，可以让更多人了解单位的工作成果。接待媒体、记者，需要精心准备新闻稿等宣传材料。

（5）参会企业

针对参加各类展会、论坛的企业，要在接待过程中展现专业性。

（6）宣讲团等主体

宣讲团等主体通常是为了宣传、教育而来，接待时，需要为他们提供合适的场地和相关资料。

2. 接待的目的与意义

接待的目的是展示单位的良好形象、促进交流与合作、加强宣传等。成功的接待，可以提高单位的知名度和美誉度，为潜在的合作与发展奠定基础。

3. 接待实施流程

（1）前期准备阶段

联系与确认：与来访方保持沟通，收集详细的信息并确保信息准确无误，如来访日期、人数、姓名、职务、行程安排。

制订初步的接待方案：根据收集到的信息，制订初步的接待方案，包括交通安排、住宿安排、餐饮安排、参观安排等。制订方案前，务必明确参与接待的人员及其职责分工。

向上级汇报：将初步的接待方案汇报给主管领导，听取意见、建议，并根据领导的指示进行调整、完善。

召开筹备会议：召集相关部门的负责人开会，明确各任务和对应的责任人，确保接待细节均得到充分讨论和安排。

制订详细的接待方案：在初步的接待方案的基础上，制订更为详细的接待方案，应包括具体的活动安排表、餐饮住宿预订单、礼品准备单等，确保所有任务都有专人负责，并预留一定的灵活安排空间，以应对突发情况。

检查与确认：正式接待前，对所有细节进行检查和确认，确保万无一失。如预订的酒店房间的档次、餐饮标准、交通工具等是否无误，各项活动的时间安排是否合理。同时，保持与来访方的顺畅沟通，确保没有信息差。

（2）实施阶段

迎接来访方：根据实际情况，安排迎接活动，如机场接机、火车站接站，确保接机/接站人员提前到达机场/火车站，并带好相关资料和礼品。接到来访方后，应尽快安排来访方到预定地点休息，或前往活动现场。

陪同参观：按计划安排参观活动，如参观公司工厂、展览厅。在参观过程中，热情地进行讲解和介绍，及时回答来访方的问题，确保参观过程顺利、愉快，充分展示单位的实力和特色。

交流与汇报：根据需要，组织交流会议、座谈会等活动，向来访方介绍单位的工作成果、发展情况，同时充分了解来访方的需求和意见，为今后进行合作打下基础。注意，做好会议记录和对重点内容的整理。

送别来访方：在来访方离开时，安排合适的送别活动，如送机、送站。最好赠送一些伴手礼、纪念品，表达友好与尊重，同时感谢来访方的来访与支持，给对方留下良好的印象。

（3）总结阶段

工作总结：接待工作结束后，及时进行总结、分析，包括接待的整体效果、存在的问题、成功经验、改进措施等。通过总结、分析，提升团队的整体水平和工作效率。

资料整理与归档：整理所有的活动资料，如活动日程、来访者名单、讲话稿，按照档案管理要求进行分类归档。注意，要同时存储、备份电子资料，以备后续查阅、使用。

10.2.4 针对纪念活动

1. 纪念活动的类型

为了纪念重要的历史事件，体制内单位经常组织各种活动。常见的纪念活动如下。

（1）党的重大事件的纪念活动

建党周年纪念活动、抗战胜利周年纪念活动、长征胜利周年纪念活动等。

（2）节日纪念活动

以清明节纪念活动最为典型，向革命先烈表示敬意和怀念。

（3）纪念日纪念活动

五四运动纪念活动、雷锋同志诞辰纪念活动等。

2. 纪念活动的目的与意义

组织纪念活动，是为了更好地回顾历史、传承优秀文化。通过参加纪念活动，我们可以回顾党的光辉历程，深入了解党的伟大；赞颂党的丰功伟绩，增强对党的认同感和归属感；培养正确的世界观、人生观和价值观，弘扬爱国主义精神和民族精神；激发活力，提高工作积极性和责任感等。

3. 纪念活动组织流程

为了成功地组织纪念活动,我们需要进行充分的准备。以下是纪念活动的关键组织流程,供大家了解、套用。

(1)提前通知相关人员

借助各种渠道,提前通知活动相关人员,确保他们能够准时参加纪念活动。同时,可以调查、了解活动相关人员的意见、建议,使活动更完善。

(2)准备相关物品

相关物品包括党旗、党徽、纪念证书,以及必要的设备和资料,如投影仪、音响。

(3)确定活动形式

根据活动主题,确定活动形式,如讲座、展览、比赛。一些新颖的活动形式也值得尝试,如演讲、朗诵,提高活动的吸引力和参与度。

(4)进行人员分工

确保各环节有专人负责,明确各环节负责人的职责,使活动能够顺利进行。注意,要合理协调各部门的关系,确保各部门的高效协作。

(5)宣传推广

借助各种宣传渠道,广泛宣传活动的内容和意义,提高活动参与者的参与兴趣和参与积极性,以及活动的知名度、影响力。

（6）活动总结与反馈

活动结束后，及时进行总结，整理经验、教训。重点关注活动参与者的反馈和意见，以便进行及时的调整和改进。

（7）成果巩固

其一，展示感悟。在单位内部展示优秀感悟，帮助同事坚定理想信念、增强党性修养。

其二，建立长效机制。定期开展活动，如在纪念日发送提醒短信。

其三，进行跟踪反馈。广泛了解活动参与者对活动的建议、意见，以便不断改进、创新活动形式。

10.2.5 针对慰问活动

开展慰问活动，是我们与一线工作人员、离退休人员、困难户、留守儿童/老人、退伍军人、残疾人、重点优抚对象等群体建立联系、保持联系的重要方式。通过慰问活动，我们能够表达关心，了解目标群体的需求，并为其提供必要的帮助。

1. 慰问活动的目的与意义

开展慰问活动的核心目的是为慰问对象解决实际困难，让慰问对象感受到温暖与关爱。通过开展慰问活动，能够增强党群、干群关系，同时让广大公职人员更深入地了解基层情况、提高服务质量。

2. 慰问活动的组织过程

组织慰问活动,一般有以下几个步骤需要关注。

(1)思想动员

借助多种渠道,广泛发布慰问通知,明确慰问活动的时间、地点、对象、目的等,同时强调慰问活动的重要性和意义,激发大家的参与热情。

(2)了解需求

通过电话访谈、实地走访、侧面了解等方式,深入了解慰问对象的需求和困难,为准备物资打基础。

(3)准备物资

根据慰问对象的需求准备物资,如生活必需品、营养品、药品。工作用品、学习用品等其他适合的礼品也是备选项。

(4)进行慰问

探望、送礼品、组织文艺表演等,都是可选的慰问方式。慰问时,要真诚地与慰问对象进行深入交流,了解他们的生活情况和工作情况,提供必要的帮助和支持。注意,要妥善保护慰问对象的隐私和尊严。

(5)巩固成果

慰问活动结束后,及时巩固慰问成果。比如,通过组织二次宣传、建立长效机制、坚持跟踪反馈,持续关注慰问对象的需求和困难,扩大慰问活动的影响力。

3. 组织慰问活动的注意事项

组织慰问活动,需要特别关注以下几点注意事项。

其一,组织针对特殊群体的慰问活动,如针对孤独症儿童的慰问活动,需要提前请专业人员对慰问活动参与者进行培训,确保慰问活动不弄巧成拙。

其二,慰问对象较多时,可以考虑招募志愿者或增加慰问活动参与者,确保慰问活动顺利进行。

其三,慰问过程中,应根据实际情况使用多样化的慰问方式,满足不同对象的需求。使用多样化的慰问方式,可以更好地拉近与慰问对象的距离,提高慰问活动的互动性和趣味性。

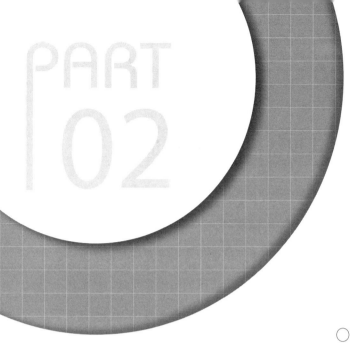

PART 02

第 2 篇

结构化小组面试和无领导小组面试

公考面试中,除了结构化面试,还有两种衍生的面试形式,分别为结构化小组面试和无领导小组面试。除了考查形式、流程有一定的不同,结构化小组面试和无领导小组面试的答题逻辑和答题思路都与结构化面试类似,考生不用有太大的备考压力。本章,对结构化小组面试和无领导小组面试进行简单的介绍。

第11章
认识结构化小组面试

结构化小组面试是新颖的面试形式之一,同时具有结构化面试和小组面试的特点。在结构化小组面试中,考生需要与其他考生一起答题,并互相点评、给予回应。相对于传统的结构化面试,结构化小组面试更加注重团队合作和互动,能够更全面地考查考生的综合素质、应变能力。

11.1 结构化小组面试与结构化面试的区别

结构化小组面试与结构化面试的区别主要有以下4点。

(1)面试流程不同

结构化面试通常包括抽签、候考、答题、候分等环节,结构化小组面试则通常包括备考、答题、点评、回应等环节。

(2)答题人数与形式不同

在结构化面试中,考生通常是一人面对5~9名考官,针对具体题目进行作答。在结构化小组面试中,考生通常会被划入由3个人或4个人组成的面试小组,以小组作答的形式完成面试,面试时,组内成员需要依次答题,并且互相点评、给予回应。结构化小组面试的座次安排如图11.1所示。

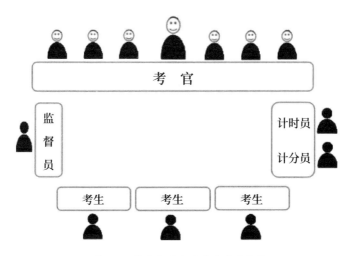

图 11.1　结构化小组面试的座次安排

（3）面试时长不同

结构化面试的时长通常为 10 ~ 20 分钟，结构化小组面试的时长通常为 50 ~ 60 分钟。

（4）难度与竞争关系不同

相对于结构化面试，结构化小组面试的难度更大。

在结构化小组面试中，考生不仅需要回答问题，还需要对其他考生的回答进行点评和回应，这对思考能力和应变能力的要求极高。注意，在结构化小组面试中，同组的考生既有竞争关系，又有合作关系，而在结构化面试中，考生只有竞争关系。

总的来说，相对于结构化面试，结构化小组面试的考查更加全面、深入，能够更好地模拟实际工作场景中的团队合作情况和沟通情况。

11.2 结构化小组面试的考情

因为能够一举考查考生的综合素质、应变能力、团队合作能力，近年来，结构化小组面试受到广泛欢迎。

在结构化小组面试中，考生的表现更加多样化、全面化，因此，考生需要进行更充分的面试准备，不仅要全面了解面试技巧，还要加强相关训练，以便临场能够进行更全面的思考、更灵活的应对，充分展示自己良好的团队合作能力和沟通能力。

11.3 结构化小组面试的流程

结构化小组面试的流程如下。

（1）抽签分组

考生抵达考场，报到、抽签。一般是电脑随机抽签，用大屏幕展示分组情况，3～4人一组。

（2）候考入场

进入考场前，考生可在场外对题目进行初步思考，时间为15～20分钟。考试组织人员会为考生提供草稿纸和笔，并进行计时。计时结束后，考生需要以小组为单位，根据抽签顺序依次进入面试现场，进入面试现场时只允许携带草稿纸。

（3）题目作答

每组考生，回答的是同一套题目。

结构化小组面试的答题顺序有着严格的规定，例如，3人一组时，答题顺序多为第一题，A 考生先答、B 考生第二个答、C 考生最后答；第二题，B 考生先答、C 考生第二个答、A 考生最后答；第三题，C 考生先答、A 考生第二个答、B 考生最后答。

（4）互评与回应

答题结束后，考生需要互相点评并给对方以回应。例如，A 考生依次点评 B 考生、C 考生，B 考生、C 考生依次表态、回应。

（5）离场

面试结束后，考生离场。

第12章
认识无领导小组面试

12.1 概览无领导小组面试

无领导小组面试是常见的面试形式之一。在无领导小组面试中,考生通常为6～8人一组,根据给定的情境、主题进行讨论,考官的主要任务是观察考生在团队合作、沟通协调、分析问题、领导组织等方面的表现。

在无领导小组面试中,考生一方面要在讨论过程中积极发表观点,另一方面要注意倾听他人的观点,以达成小组共识。应对无领导小组面试,考生必须有意识地提高自己的沟通能力、团队协作能力。

12.2 无领导小组面试的考情

无领导小组面试比较特殊和复杂,考官往往会在面试中设置一些具有挑战性和争议性的议题,让考生自由讨论,努力达成共识。无领导小组面试关注的是团队合作与互动,而非突出的个人表现。

相对于结构化面试,无领导小组面试中,考官主要通过观察考生的合作能力、行为特征,判定考生是否具备职位需要的能力和素质。因为考生容易在激烈的讨论过程中暴露自己的真实性格、处事方式,所以无领导小组面试有助于考官了解考生的真正品格、掌握考生的真实水平。

注意，因为无领导小组面试对考官的评分技术和识人能力要求较高，所以目前暂未全面推广。

12.3 无领导小组面试的形式及特点

1. 无领导小组面试的形式

无领导小组讨论是目前的无领导小组面试的主要形式，通常，6～9名考生为一组，需要在规定时间内（通常为1个小时）针对某项工作或某个社会问题进行讨论，形成一致意见。

2. 无领导小组面试的特点

（1）专业性较强

部分面试题目有明确的专业背景，对考生的专业知识储备有一定的要求。

（2）时间较长、题目不多

无领导小组面试的面试时间一般为70～90分钟（个别部门为50分钟、60分钟），题目数量一般为2道题，偶尔出现1道题或3道题的情况。

（3）提供纸笔

无领导小组面试通常会在考场内为考生提供纸笔，考生可以在讨论过程中做记录。看题目、准备提纲等工作，一般要求考生在考场内完成，有少数无领导小组面试要求考生在考场外看题目（在规定时间内）。

（4）能力考查范围广

无领导小组面试中，考官会根据考生在讨论过程中的言语表现和行为表现，评价其相关能力、胜任水平，评价目标包括但不限于团队合作能力、沟通能力、分析问题能力、领导能力等。

注意，以上信息仅供参考，具体考情，考生需要根据目标部门的招聘要求和岗位特点分析确定。

12.4 无领导小组面试重点考评的能力

无领导小组面试重点考评的能力包括以下 8 个。

（1）沟通能力

语言表达是否准确、简洁、流畅、清楚，是否能很好地表达自己的意思，并善用语音、语调、目光、手势。

（2）分析能力

分析问题是否全面、透彻、观点清晰、角度新颖，是否有概括、总结不同意见的能力。

（3）合作能力

是否尊重他人、善于倾听他人的意见，是否善于把众人的意见引向一致。

（4）计划能力

解决问题的思路是否清晰、周密，逻辑性和时间观念是否强，以及能否准确把握解决问题的要点。

（5）自信心

能否积极发言，是否勇于发表不同意见、善于提出新的见解和方案，此外，强调自己的观点时，是否有说服力。

（6）组织协调能力

是否善于消除紧张气氛，让参与者都有发言欲望，能否有效说服他人，调解争议。

（7）支持他人的能力

很多人有标新立异的能力，但并不是每个人都有支持他人的魄力。适时支持他人，有助于推动团队按时完成任务。支持是相互的。

（8）引导讨论的能力

在讨论中出现混乱或争执不休的情况时，是否有能力、有勇气引导讨论发展方向。

注意，以上信息仅供参考，具体考评方向，考生需要根据目标部门的招聘要求和岗位特点分析确定。

12.5 无领导小组面试的重点题型

无领导小组面试的重点题型有以下 5 种。

（1）开放式问题

开放式问题主要考查考生答题的全面性、针对性，以及答题思路是否清晰、是否有新见解，例如，"请谈谈你对无领导小组面试的看法"。

(2) 两难问题

两难问题会给出两种互有利弊的答案,让考生择其一进行观点论述,重点考查考生的分析能力、语言表达能力,例如,"你认为在团队合作中,是效率更重要还是沟通更重要"。

(3) 多项选择问题

多项选择问题一般有多种备选答案,让考生选择部分答案进行论述,或对备选答案的重要性进行排序,主要考查考生分析问题的能力和抓住问题本质的能力,例如,"你认为在团队合作中,哪些品质比较重要?请选择3个并说明理由"。

(4) 操作性问题

给考生提供一些材料、工具、道具,要求考生设计出一个或一些考官指定的物品,主要考查考生的主动性、合作能力,辅助判断在实际工作中考生适合充当的角色,例如,"请用给出的××、××、××等材料,设计一个有××功能的物品,并说明设计思路和物品用途"。

(5) 资源争夺问题

让考生针对有限的资源进行合理分配,主要考查考生的语言表达能力、分析能力、概括能力、总结能力、组织协调能力,以及发言的积极性、反应的灵敏性等,例如,"公司有100万元的资金可用于研发新产品,目前,有5个项目需要资金支持,各项目需要的资金分别为 20 万元、30 万元、40 万元、50 万元和 60 万元,请给出你的资金分配方案并说明理由"。

以上是常见的无领导小组面试的重点题型和对应的例题,不同的部门和岗位,可能会根据具体的面试要求使用不同的题型进行考查。

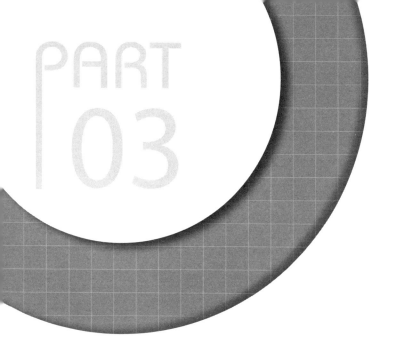

第 3 篇
面试的经验

笔试的成功,并非面试成功的保障,如果忽视对面试的准备,很可能功亏一篑。接下来,我们深入探讨如何顺利通过面试的考验,成功"上岸"。

第13章 一站到底，谋求"上岸"

时常听说部分考生有类似的经历——以优异的笔试成绩跻身面试，但尽管笔试成绩占据显著优势，仍在面试阶段遭遇挫折。为什么有些考生未能在面试中取得良好的成绩呢？我们分析一下可能存在的原因。

13.1 为什么有人无法"上岸"

13.1.1 认为进入面试即"上岸"，轻视竞争对手

许多考生对自身的实力及公考面试的难度缺乏全面认知，通过笔试并完成面试报名后，便误以为岗位已是囊中之物，轻视竞争对手。

面对公考面试，考生需要对成功有信心，但信心必须建立在充分准备与拥有足够实力的基础上。有些考生自信满满，但缺乏足够的实力支撑，从不认为自己会失败，更未做应对失败的准备，甚至将自信转变为了自负，这样的考生，容易忽视竞争的激烈性，低估对手的实力，高估自己的实力，认为只要稍加努力便能轻易地超越对手。这种心态往往导致许多在笔试中获得高分的考生在面试阶段被逆袭，以微小的差距落败，追悔莫及。

考生必须明确，无论是在笔试阶段，还是在面试阶段，只有全力

以赴，才能成功"上岸"，任何环节的疏忽都可能导致失败。2023年，在某市的事业单位招录考试中，我认识的一位考生因过度自信而落败——这位考生在笔试中取得了第一名，便认为自己能够轻松地在面试中守擂成功，完全不在乎我给他的重视面试、调整状态的提醒，最终被同岗位的笔试第二名以综合分高出 0.2 分的结果逆袭。

考生一定要记住，每个环节都很重要，就算在笔试中占有优势，也只是微小的优势，稍有不慎就会被翻盘。在面试环节，必须全力以赴，拿出最佳状态，争取成功"上岸"。

13.1.2 仅将公考"上岸"视作一条退路

很多人对公务员群体有刻板印象，认为其工作稳定但收入不高。毕业后，面对多种选择，相较于留在大城市的光明前景和高薪收入，回家乡考公务员似乎不那么吸引人，因此，考公务员往往被应届毕业生视为备选方案之一。

作为曾在一线城市闯荡、打拼，且受过高等教育的人，我曾自信地认为公考"上岸"对我而言是轻而易举的事。正是这种心态，让我在第一次公考征程中严重受挫，甚至未能成功进入面试环节。第一次失败后，我并未将失利正确归因为轻视公考，而是找了岗位选择不当、专业竞争激烈、考题难度偏高等众多借口。屡战屡败，屡败屡战，随着一点一点地合理调整心态，我终于成功"上岸"。

从薪资、待遇的角度看，公务员虽不算高薪工作，但薪资水平并不低。如今，公务员考试的报考人员越来越多，早已不再是备选方案，而是部分人的执着追求。考生应当明确，只有正视公务员考试的难度，坚定为人民服务的信念，才有更高的"上岸"率。

13.1.3 缺乏面试练习，寄希望于"速成"

探讨了心理层面的问题后，我们聚焦公考面试的专业性。为何众多考生难以自如地应对公考面试？很可能是因为缺乏相关训练，即所谓的"嘴懒"。公考面试如同即兴演说，缺乏相关训练的考生，很可能即便内心思路明晰，也会因为缺乏表达经验而难以顺畅表达。简而言之，公考面试对"熟练"的要求很高。

在面试环节，顺畅的语言表达是核心，考生必须克服羞涩和犹豫，积极主动地进行答题。专项训练，能够有效提高考生的语言表达能力，帮助考生提高词汇运用熟练度、逻辑思维清晰度。只有勇于开口练习，才有可能快速提高面试成绩。

因此，在备考过程中，考生应勇于开口，一遍表达不畅就多表达几遍，直至能够顺畅表达。只有反复训练，才能在面试考场上做到出口成章。

13.2 我们该怎么"上岸"

13.2.1 用刮彩票的心态面对面试

在面试备考过程中，正确调整心态非常重要。除了要有积极主动、不畏困难等心态，建议考生努力拥有一种刮彩票的心态。注意，所谓"刮彩票的心态",绝非赌徒心态,其重点是对未来抱有积极、乐观的期望。

我认识一位来自广东的考生,她6次参加公考面试,每次都以失败告终。随着失败次数的增加,她越来越严重地自我怀疑,以至于日常练习时能够流畅表达,一上考场就头脑空白,连一半实力都发挥不出来。这种情况困扰着她,让她陷入了屡败屡战、屡战屡败的恶性循环。

此时,刮彩票的心态能发挥极大的作用——现实充满戏剧性,即使你无数次获得"谢谢惠顾",每次刮彩票前,你依然可以认为自己有可能中奖。将考试视为刮彩票,坚信自己是头号幸运者,总有一天能捧回大奖,这种心态,是有利于"上岸"的。当然,心态只在有充分准备和足够实力的基础上发挥作用。

努力拥有刮彩票的心态,底层逻辑是不要过分夸大公务员考试的重要性,比如认为它能决定命运走向。事实上,这只是一个工作机会而已。只有将公务员考试视为既有趣,又值得追求的事情,考生才能减少失误,提高成功概率。

13.2.2 善用技巧,增加优势

善用技巧,可以帮助考生增加优势、提高胜算,接下来,分准备面试阶段和面试阶段进行技巧介绍。

1. 准备面试阶段

笔试备考有技巧，面试备考也有技巧，在面试备考阶段，可以合理使用以下技巧，提高成功概率。

（1）提高记忆效率

在面试备考初期，许多考生用手写逐字稿的方式加强记忆，这种严谨的态度值得赞赏，然而，随着考试时间的临近，考生需要提高效率。使用相关软件，先模拟答题、进行录音，再将语音转化为文字是值得尝试的备考方法之一，这种方法不仅能帮助考生提高表达能力，还能让考生直观地看到自己的答题内容。通过审视文字版答案，考生可以更精准地找到问题所在，并进行有针对性的修改和优化，加深理解。长此以往，考生能形成自己独特的答题思路和答题模式。

（2）获取面试经验

高效使用社交媒体进行备考非常重要。社交媒体能在面试备考中发挥什么作用呢？为考生提供丰富的经验和答题思路。在抖音、小红书等平台上，有大量的用户分享自己的面试经验和答题策略，考生可以广泛了解，择优进行深入学习。要知道，多元、独特的视角很宝贵，不断汲取灵感，有助于考生总结出适合自己的答题策略，形成独特的答题风格。

2. 面试阶段

虽然评分有明确的标准，但作为独立的个体，考官的临场感受必定会影响其评分高低。在面试阶段，使用一些技巧可以为考生增加优势。

（1）关注面试着装和精神状态

整洁、得体的着装和良好、稳定的精神状态是必不可少的。虽然考试中没有"颜值分"，但着装是否得体，会在一定程度上影响考官的初步印象。不需要过度追求帅气、精致，衣着整洁、合身即可，男士可以选择合身的正装，女士可以选择稍带设计感的衬衫、裙子。

（2）合理互动

在面试过程中，合理互动很关键。与考官进行眼神交流，不仅能获得考官的更多关注，还能在考官疲劳或走神时，帮助他们重新专注于倾听答题内容。

总之，过硬的实力是基础，良好的状态是加分项，助各位考生都能稳步提高能力、妥善调整心态，最终成功"上岸"！